给孩子讲数字地球

奇妙的元宇宙

［韩］金相均、吴丁锡 著　［韩］赵京旭 绘　熊紫月 译

中国出版集团
中译出版社

图书在版编目（CIP）数据

给孩子讲数字地球：奇妙的元宇宙 /（韩）金相均，（韩）吴丁锡著；（韩）赵京旭绘；熊紫月译 . -- 北京：中译出版社，2023.1
　　ISBN 978-7-5001-7274-1

Ⅰ. ①给… Ⅱ. ①金… ②吴… ③赵… ④熊… Ⅲ. ①信息经济 - 少儿读物 Ⅳ. ① F49-49

中国版本图书馆 CIP 数据核字 (2022) 第 241454 号

著作权合同登记：图字 01-2022-4167

김상균 교수의 메타버스 (THE METAVERSE: The Digital Earth For Children)
Copyright © 2021 by 김상균 (Sangkyun Kim, 金相均)， 오정석 (Jung-seok Oh, 吴丁锡), All rights reserved.
Simplified Chinese Copyright © 2023 by CHINA TRANSLATION & PUBLISHING HOUSE
Simplified Chinese language is arranged with East-Asia Publishing Co. through Eric Yang Agency and CA-LINK International LLC

给孩子讲数字地球：奇妙的元宇宙
GEI HAIZI JIANG SHUZI DIQIU: QIMIAO DE YUANYUZHOU

策划编辑：胡婧尔
责任编辑：张　猛
营销编辑：李珊珊
文字编辑：刘育红
出版发行：中译出版社
地　　址：北京市西城区新街口外大街 28 号普天德胜大厦主楼 4 层
邮　　编：100088
电　　话：（010）68359827，68359303（发行部）；（010）68002867（编辑部）
电子邮箱：book@ctph.com.cn
网　　址：http://www.ctph.com.cn
印　　刷：河北宝昌佳彩印刷有限公司
经　　销：新华书店
规　　格：787 毫米 ×1092 毫米　1/16
印　　张：9
字　　数：75.6 千字
版　　次：2023 年 1 月第 1 版
印　　次：2023 年 1 月第 1 次

ISBN 978-7-5001-7274-1　　　　　　　　　　定　价：68.00 元

版权所有　侵权必究
中译出版社

目录

前言 已经存在的新世界，元宇宙 / i

一 魔法般的元宇宙世界，真面目到底是什么？

全新的世界，元宇宙的诞生 / 2

元宇宙的四种形态 / 4

沉迷于游戏的人们 / 7

同"处"异梦 / 10

害怕打电话 / 12

元宇宙中的对话方式 / 15

拓展小知识 · Kakao 宇宙 / 18

二 向元宇宙的世界，出发！ >>> 增强现实世界

密室逃脱 / 22

捕捉宝可梦精灵 / 25

手机里的"土地争夺战" / 26

"下雪的新加坡" / 28

"偷走班克斯" / 30

增强现实的益处 / 32

想象也可成真！ / 34

去世的人还活着？ / 37

用于培训的智慧工厂 / 38

拓展小知识 · 创造全新的自己——ZEPETO / 40

三 向元宇宙的世界，出发！ >>> 生命记录世界

别人是如何生活的？ / 44

生命记录的目的 / 45

社交媒体中"你"的意义 / 47

从今天起绝交！ / 49

有意义的日常琐碎记录 / 51

真正的我是什么样子？ / 52

"消除"孤独 / 54

展示自我的 vlog / 55

快速！便利！所有人！ / 57

耐克元宇宙 / 61

拓展小知识 · 可以与名人直接对话？ / 64

四 向元宇宙的世界，出发！ >>> 镜像世界

打造专属世界——《我的世界》 / 68

高效性和扩张性 / 71

镜像世界的缺点 / 72

谷歌的免费地图服务 / 73

线上教室 Zoom / 76

数字实验室 / 78

万物皆可配送的时代 / 79

激发感情的游戏——《癌症似龙》 / 82

拓展小知识 · 偶然诞生的爱彼迎 / 84

五 向元宇宙的世界,出发! >>> 虚拟世界

一款可作为宣传工具的游戏 / 88

幻想照进现实的世界 / 90

一种新的沟通方式 / 92

粗鲁且暴力? / 93

虚拟世界的体验有用吗? / 95

协同合作——《罗布乐思》 / 98

与现实融合的《堡垒之夜》 / 99

《头号玩家》中的"绿洲" / 100

VR 是"善良"的技术吗? / 103

给现实带来启发的《魔兽世界》 / 105

人工智能自动化程式 / 108

拓展小知识 · 面向 MZ 世代的广告 / 112

六 我们如何与元宇宙共存?

元宇宙是对现实的模仿 / 117

比起惩罚,奖励更重要 / 119

数据和数字资产的归属 / 121

人工智能有人权吗? / 123

年龄、性别、名字都不知道! / 123

爆发的攻击性 / 126

温情之地,元宇宙 / 127

元宇宙背后的巨手 / 129

元宇宙也是我们生活的世界! / 132

元宇宙不能代替现实世界 / 133

前言

已经存在的新世界，元宇宙

如今，连小学生都人手一台的智能手机是什么时候发明的？又是什么时候普及的呢？对大家来说，这好像是很久以前的事情，但实际上，智能手机的普及距今不过十年。与人类的发展和地球环境的变化相比，现代技术的发展日新月异。随着互联网的发展，原本只是用来打电话的手机，如今已成为了我们的手中"电脑"。曾有人说："过去十年间技术的发展，可能远远赶不上未来一年间技术的进步。"这句话也不无道理。

技术的发展给我们的生活带来了诸多变化。事实上，仅在几年前，我们每天上学、开会或者聚会几乎都是面对面进行的。但如今，由于新冠病毒疫情的影响，很多以前我们习以为常的事情都变得特别了起来。"无接触"（untact）的新时代已经开启。untact是韩国热词之一，这是一个新造词，tact取自contact（接触），前缀un表示否定或相反的意义。但大家知道吗？其实在新冠病毒疫情之前，随着技术的发展，"无接触"时代已经到来了。我们在手机上看视频，使用社交媒体分享讯息，参加网络课程和线上补习班，这些活动都属于"无接触"的范畴。其实,我们早已生活在"无接触"时代。

在新冠病毒疫情暴发后正式拉开帷幕的"无接触"时代,元宇宙就像哥伦布发现的新大陆一样。15世纪,哥伦布发现的新大陆实际上是早已存在的美洲大陆。元宇宙也是基于现实世界而创造的新世界,我们可以将它看成是"无接触"时代的一部分。现在,元宇宙已经从3D发展到了4D空间,人们可以享受更加生动具体的元宇宙体验。技术的快速发展正在开启一个新的时代。

那么,在这个已经存在但需要开拓的新世界——元宇宙——当中,大家将如何学习,如何成长,又会发生怎样的变化呢?让我们展开想象的翅膀,一同开启这段旅程吧!

01

魔法般的元宇宙世界，真面目到底是什么？

全新的世界，元宇宙的诞生

　　小京独自走在放学回家的路上。奇怪的是，他头也不抬，脸上却做出各种各样的表情，一会儿严肃，一会儿难过，一会儿又像是获得了胜利的喜悦，远远望去像是丢了魂儿似的。走近一看，原来他正戴着蓝牙耳机，边走路边玩手机游戏呢。对于小京来说，他眼前看到的画面和耳朵听到的声音全都来自游戏世界。虽然他和我们处在同一片天空下，但却像是生活在另一个世界。

　　小京就这样走在马路中间，挡住了身后的汽车。司机们纷纷按响了车喇叭，但戴着耳机的小京几乎听不到。呀！迎面又出现了一辆自行车，骑车的人为了避开他，差点儿撞上了电线杆，可是小京依然沉浸在游戏世界里。经过胡同口的时候，他和胡同里跑出来的孩子撞了个正着，于是他有些生气地抬起头来喊道："干什么呀？！"这时，小京才发现周围所有人都在盯着自己。这是怎么回事？小京不知道发生了什么事情，但也意识到自己好像闯了祸。

　　怎么样？大家是不是都有和小京相似的经历？现在似乎很少有人抬头走路了，尤其是很多青少年，他们和小京一样，边走路边用手机发消息、玩游戏或者刷视频。在地铁上更是如此。不管是坐着的还是站着的人，几乎都低着头。

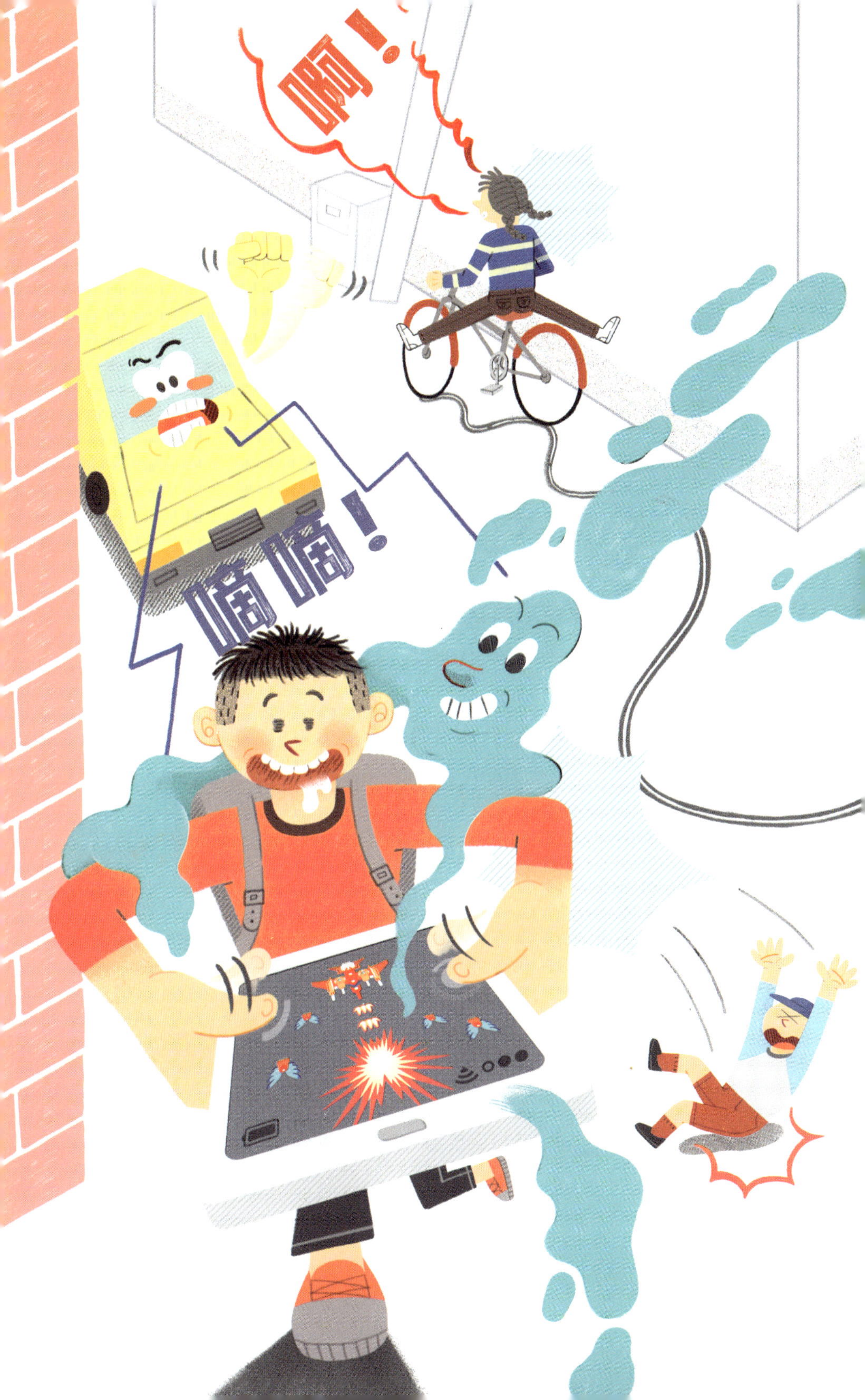

啊！
嘀嘀！

他们并不是在睡觉,而是在看手机。虽然大家的身体还待在现实世界里,但是精神都已经进入了手机的世界。

很多曾经在小学时拖到开学才不得不写日记的孩子,如今长大后却自发地在社交媒体上记录生活——今天吃了什么,和谁见面了,心情如何,他们把这些事情拍照并上传到社交媒体。这些活动正在互联网世界里发生着。

虽然身处现实世界,但我们的生活正逐渐向数字世界迁移。为什么人们都想要待在互联网世界里?可能是想获得一些新鲜感吧。为了弥补现实世界里的种种不足,人们正在互联网的基础上建设一个虚拟世界——元宇宙。

元宇宙的四种形态

早上七点,四年级的小学生小洲被手机闹钟叫醒。他在网上订阅关注的节目《我独自生活》[1]推送了一条消息,小洲点开看了一下,然后打开微信,看到朋友阿龙分享了日常照片,于是在下面评论了几句。这时,小洲感觉还是有点儿困,就登录了音乐账号,听了一会儿歌曲后,他感觉清醒了不少。他抬头看到桌上摆着一盆花,猜想应该是妈妈拿进来的,他仔细闻了闻,这盆花很香。于是他打开手机应用程序,拍照并识别了一下这是什么植物。很

---

[1]《我独自生活》是韩国的一档拍摄明星独居生活的综艺节目。——译者注

快，搜索结果出来了，原来这是一种叫迷迭香的草本植物。"唔——"小洲又闻了闻。他看了眼时间，差不多该收拾收拾去上学了。

大家的一天都是怎样度过的呢？和小洲差不多吗？我们有时不经意间使用的一些手机功能就是元宇宙的一部分。元宇宙（Metaverse）是由表示"超越"的 meta 和表示"世界、宇宙"的 universe 组成的一个合成词，含义为"超越现实的假想世界"。元宇宙是 1992 年美国科幻作家尼尔·斯蒂芬森（Neal Stephenson）在小说《雪崩》中首次提出的概念。由于信息通信技术的快速发展和新冠病毒疫情的大流行，人们不再面对面接触，而更多地改为线上会面，元宇宙也逐渐开始受到关注。

美国技术研究组织加速研究基金会（Acceleration Studies Foundation/ASF）将元宇宙大致划分为四种形态，即增强现实（Augmented Reality/AR）、生命记录、镜像世界和虚拟世界。它们可能看起来非常复杂、难以理解，但实际上并非如此，因为其中很多是我们正在使用的东西。

大家如果曾使用过手机应用程序"精灵宝可梦"、听歌识曲或拍照识物，那么就已经体验过增强现实了；如果曾在社交媒体上传过照片或者喜欢看《我独自生活》这样的综艺节目，那么大家就正在享受着生命记录；如果曾通过

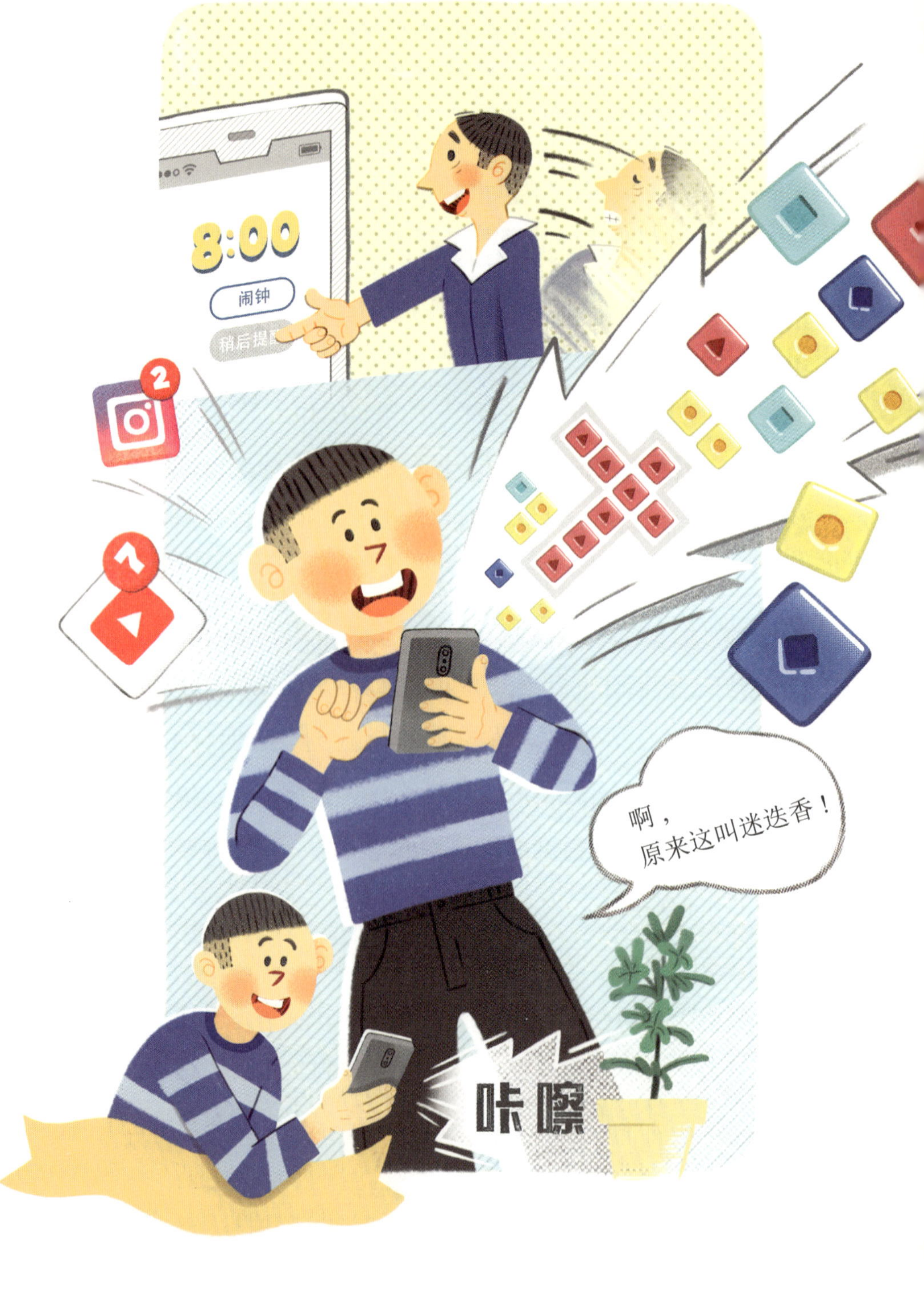
8:00
闹钟
稍后提醒
啊，
原来这叫迷迭香！
咔嚓

在线平台上网课，或者使用各种外卖软件订餐，那么大家也就感受过镜像世界了；而像《罗布乐思》（*Roblox*）这样的网络游戏和电影《头号玩家》（*Ready Player One*）中的游戏"绿洲"就属于虚拟世界。

可能我们是刚刚听说"元宇宙"这个概念，但它早已存在于我们的生活中。因此，我们不能认为元宇宙是一个远在未来的话题。

沉迷于游戏的人们

克莱奥是"永恒王国"的美丽女王，她想让自己的美貌永驻。但有一天，她发现自己竟然长出了白发，脸上也开始出现细纹，她感到非常生气，于是就下令让侍从们去寻找能够永葆容颜的药草，如果找不到，她就要杀了所有人。

这时，一名聪明的大臣用照片和视频记录了克莱奥女王最美丽的样子。女王每天在视频中看到的自己，都穿着不同的衣服，化着各种妆容，这让她非常开心。当然，王宫里所有的镜子都被拆除，女王只能通过视频和照片欣赏自己的美貌。直到她衰老死去时，她看到的都是自己最美丽的样子，根本不知道自己已经老了。

现实生活中真的存在这样的故事吗？当然不可能了。

★ 热门 新款 我

但我们如今就生活在这样的世界里。手机应用程序的功能发展日新月异，我们在不改变自己真实容貌的情况下，通过增强现实，也能让自己在手机里变得更加漂亮。这种增强现实技术将虚拟图像叠加到了现实图像上，然后在同一画面中呈现出来。"美颜相机"就是一款应用增强现实的拍照软件。它可以自动识别面部图像，然后在面部装饰各种各样的贴纸。不仅如此，这个软件还可以将各种角色和人物的面部进行合成，制作视频或照片。

毫不夸张地说，现在手机已经成为我们身体的一部分。无论上学、乘坐公交或地铁，还是和朋友们一起聊天吃饭，甚至去卫生间，我们都会时刻把手机带在身边。那么，我们能用这些价格昂贵的智能手机来做什么呢？只要看看大家在应用商店里都下载了哪些软件就能得知了。截至2021年7月，从中国、韩国、美国和欧洲等市场的统计来看，游戏类应用程序占比最大，其次是日常工具类、社交通信类，也就是说，人们主要在手机上玩游戏、使用日常工具和社交媒体。那么对人们来说，这些活动有什么意义呢？

自古以来，除了打猎和必要的生存活动，人类还喜欢玩游戏。在原始时代的洞穴壁画中，就能找到描绘人类跳舞以及披着动物皮毛进行某种游戏的画面。也就是说，在人类的历史上，人们在活动和互动交流中基本都包含了游戏和享受。无论坐立躺卧，智能手机绝对是一个玩游戏的绝佳设备。而在智能手机的世界中，元宇宙是最好的游戏空间。在元宇宙当中最先出现，且在多样性和规模上增长最快的是虚拟世界。典型的虚拟世界就是在线游戏。爱玩游戏的人们开始用手机享受虚拟世界，并且还将游戏文化扩大到了包括虚拟世界在内的元宇宙中。

现代社会物质资源丰富，因暴饮暴食和肥胖而死亡的人数，远高于因饥饿死亡的人数，上了年纪去世的老人多于患病去世的病人。在满足了基本生理需求和安全需求之后，人们有了更高的价值追求，即渴望永远幸福地生活下去。正因如此，人们从无法避免生老病死的现实地球，逐渐聚集到自己可以创造无限可能的元宇宙中。人们给虚拟世界赋予自己的世界观，创造了各种生命体和资源，设定环境条件等各项内容，由此来运营自己的元宇宙世界，和人类创造的人工智能角色一起生活。

同"处"异梦

小纯一家四口人。爸爸做生意，妈妈是家庭主妇，28岁的姐姐在公司上班，小纯正在上小学。晚上，一家人坐在一起吃饭时，爸爸拿着手机看股票，妈妈听着手机里播

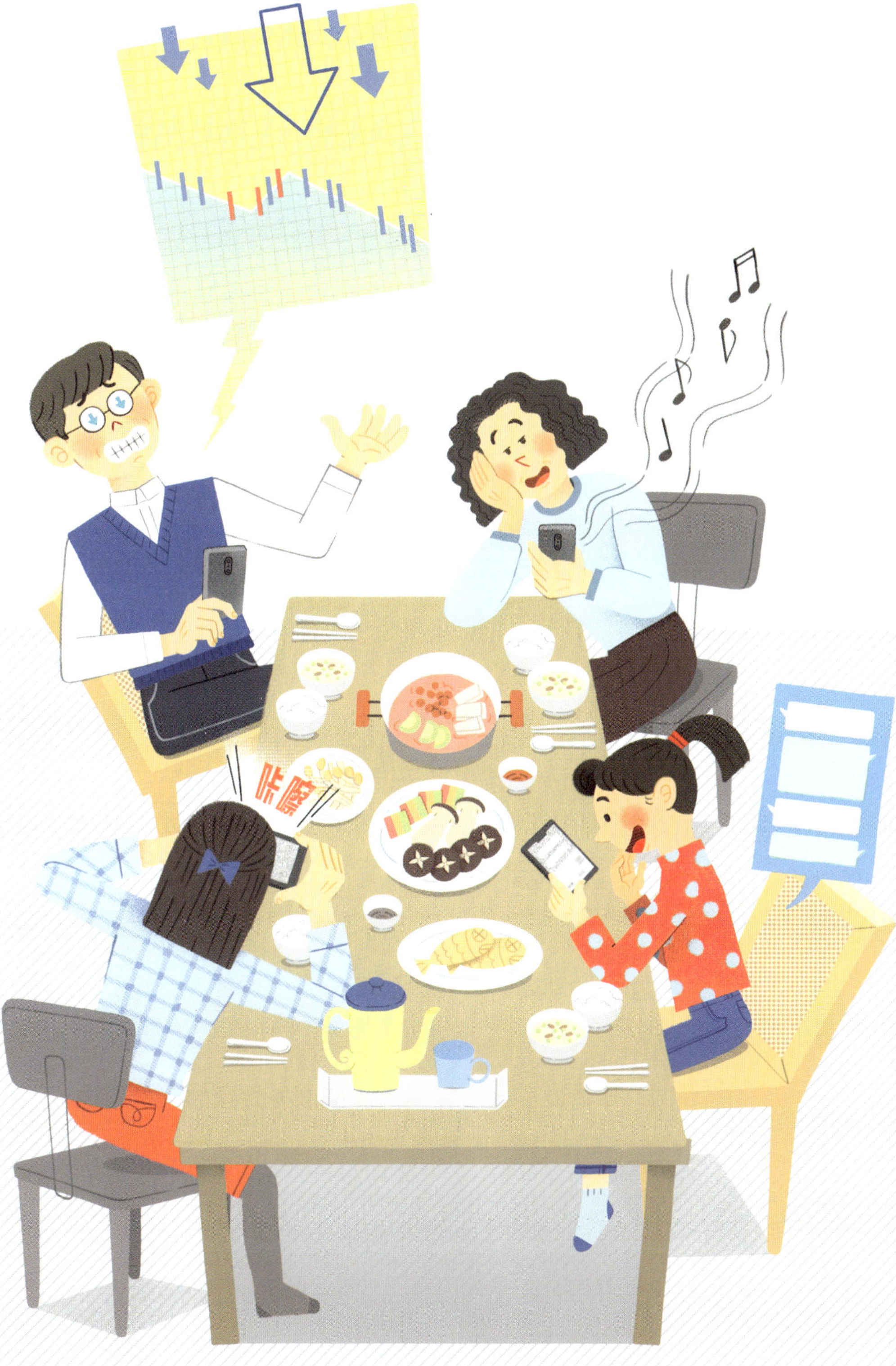

放的民歌，姐姐忙着给食物拍照上传到微博，而小纯也拿着手机和朋友们聊天。虽然一家人待在一起，却都沉浸在自己的世界中，难道是气氛的原因吗？

人们简单地认为我们都生活在同一时空中，但当我们和别人待在一起的时候，那可能只是在物理场所和时间意义上的在一起。父母有时候可能无法理解孩子的各种想法。比如，当我们看一个视频并沉浸其中时，他们可能会感到疑惑："你为什么会喜欢这些东西？"反过来，我们也无法理解妈妈为什么只要一听到民歌就特别兴奋。虽然我们都生活在同一个现实世界里，但同时却都沉浸在自己的虚拟世界中。

害怕打电话

小浩和朋友们在一起玩，忽然感觉肚子有些饿，想点些吃的。他们决定吃炸酱面和海鲜面，然后小浩就给餐馆打电话。

"喂，您好！请问是餐馆吗？我要两份炸酱面和两份海鲜面。"

"好的，炸酱面要什么样的？海鲜面要做辣的还是不辣的？"

面对老板提出的问题,小浩突然慌张了起来,结结巴巴地回答:

"呃……炸酱面……有什么样的呢?"

"有干炸酱面和普通炸酱面,还有大盘的。"

"哦……啊……那我……"小浩一下子不知道要点什么了,"我再想想,一会儿打给您……"

因为害怕用电话订餐,小浩和朋友们最后还是决定用手机应用程序点餐。

大家打电话的时候会有什么感觉?会不会和小浩一样感到害怕?2019年的一项调查结果显示,有一半左右的成年人在打电话时会感到害怕,这种现象叫作"通话恐惧症"。恐惧症是指人们对通常没有危险的情景产生过度恐惧和害怕的症状。通电话的时候,我们只需要对着电话听或者说就行了,大家到底是在害怕什么呢?可能是我们在听完对方的话之后,需要"马上"做出回应,在这种情况下,人们因担心自己出错而产生了恐惧感。当需要我们立即做出回应时,如果我们无法拒绝或是不能条理清晰地表达自己的想法,心里难免会感到不安;有时还会因为没听懂对方的意思而发生误会。因此,相比打电话,人们更喜欢发短信,或使用社交媒体中的各种聊天工具。

在订餐时,相比于给餐馆打电话,大家更常使用外卖

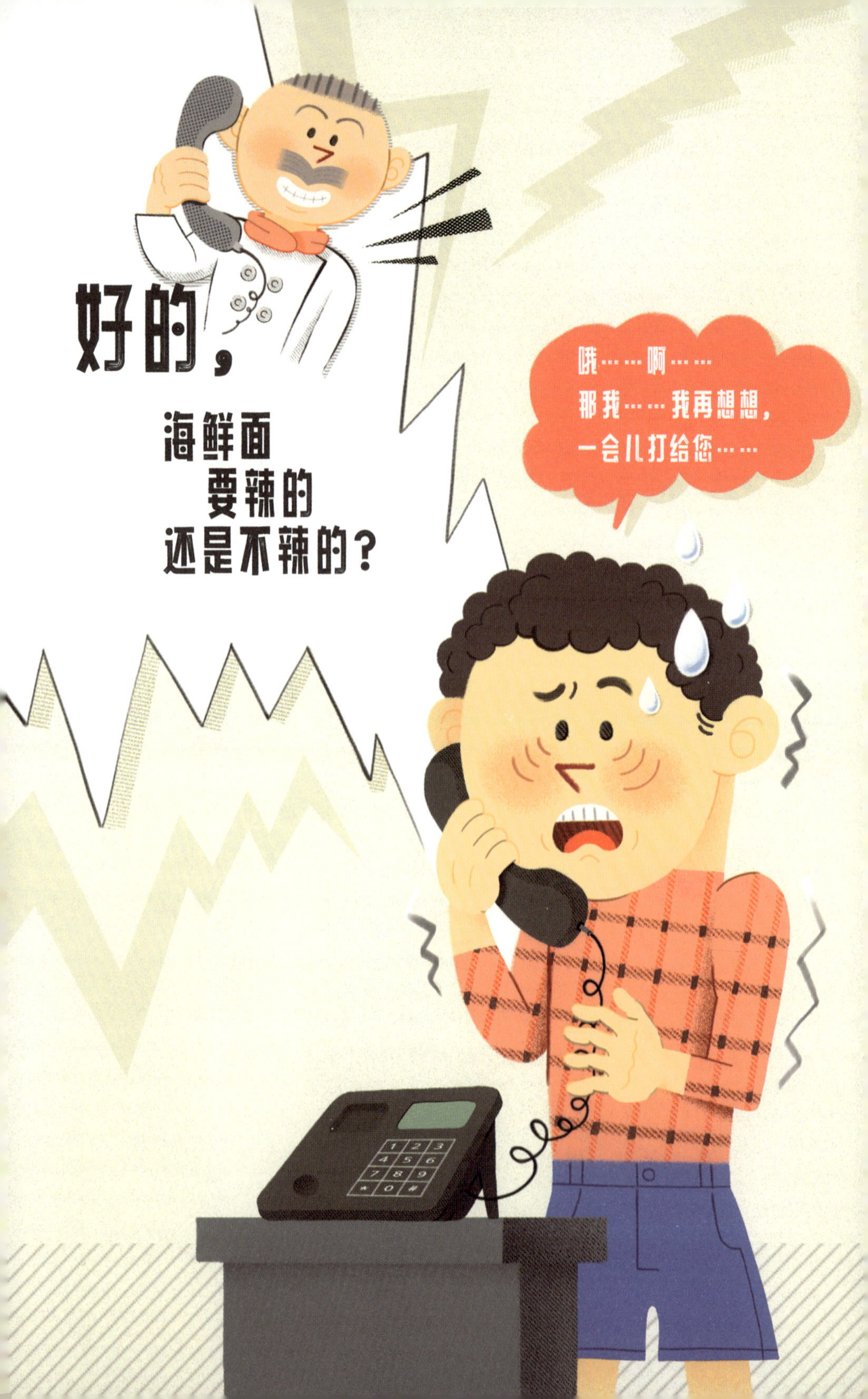
好的，
海鲜面
要辣的
还是不辣的？
哦……啊……
那我……我再想想，
一会儿打给您……

订餐的应用程序。主菜、副菜、饮料、酱料以及配送方法等各种需求，按照应用程序的提示依次输入即可。如果通过电话订餐，双方就必须要能听懂对方的话，而使用订餐应用程序就不会有这种顾虑，我们可以慢慢思考自己想要什么，然后通过应用程序将用餐需求准确地传达给餐厅。

元宇宙中的对话方式

元宇宙中的对话方式大致可以从以下四个方面介绍。

第一，说话人和听众分别是谁。从这个角度来看，有各种方式的对话：像校长演讲一样，一个人说话，其他人听；所有人使用群聊投票功能或在留言板提出各自的意见，然后在所有意见整合后进行沟通；像开会一样，成员间进行讨论；还有一对一聊天等。

第二，对话时使用匿名还是实名。在现实世界的大部分情况下，对话都是在实名状态下进行的。我们不可能和班里的同学实现匿名，因为一见面就知道对方是谁。在街上碰到有人问路时，我们虽然不知道对方的名字和个人信息，但是我们能看到他的脸，听到声音，所以这也不完全是匿名对话。但在元宇宙中，我们在不知道对方年龄、名字和性别的情况下进行的对话明显增多。尽管是游戏里经常联系的朋友，我们也多是使用昵称和对方进行交流，因此我们并不知道对方到底是什么身份，他可能比我们年长很多，也有可能是个外国人。

第三，对话是实时进行，还是非实时进行。人们在现实世界中的交流基本上是实时进行的，也就是说，大家和朋友见面聊天时，提问、回答和交流全部是连贯的。但在元宇宙中，非实时对话的情况有很多。虽然我们可以第一时间回复朋友发来的消息，但也可以过段时间再进行回复。无论如何，我们都可以做出自己的选择。

第四，传达信息的方式。交流的方式除了打电话以外，还有短信、表情符号、投票等。社交软件中的"喜欢""讨厌""谢谢"和"爱你"等各种表情符号不仅提供了一种新的交流方式，还能传递情感。在元宇宙中，我们可以通过各种各样的交流方式提高沟通的质量。

看到这里，大家是不是对元宇宙更加好奇了呢？现在就让我们踏上一段元宇宙之旅吧！感受为现实赋予幻想、增添便利，将现实世界连接到数字空间的元宇宙，在数字空间记录并分享现实中的形象与生活。就像在游乐园坐过山车一样，大家将经历一次既忐忑又刺激的精彩体验。

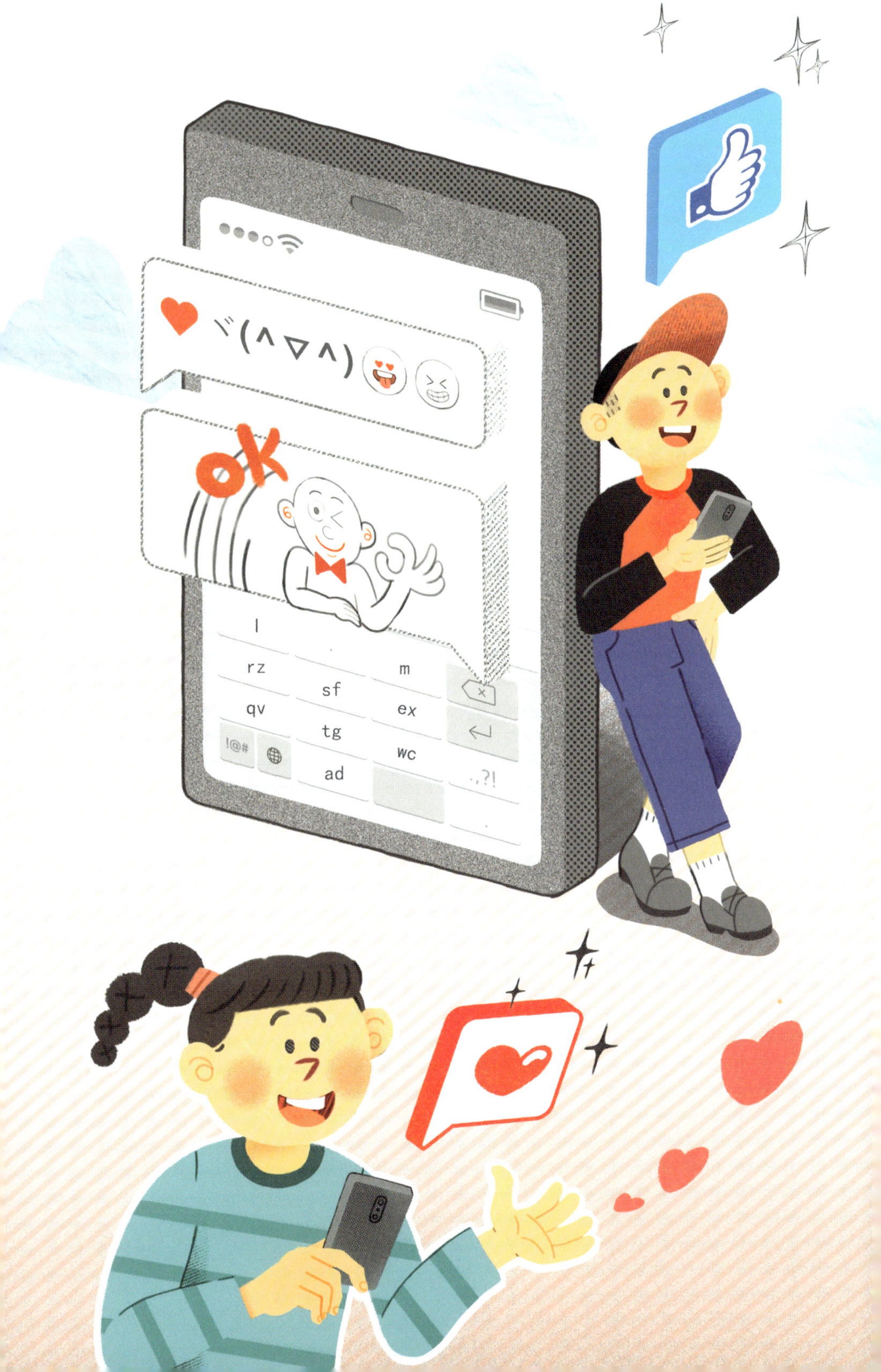
ヾ(^▽^)
OK
l
rz
m
sf
qv
ex
tg
!@#
wc
ad
.,?!

Kakao 宇宙

现在，当和相隔一定距离的朋友联系时，比起用电话或短信，人们更多地会使用 Kakao Talk，甚至有时候，大家坐在一起时也不说话，而是用 Kakao Talk 发消息。此外，我们在电影、电视剧和综艺节目中，也经常能看到使用 Kakao Talk 的画面。如今，人们使用 Kakao Talk 等聊天工具的频率大幅高于使用电话的频率。不管大家使用什么型号的手机，选择哪家通信运营商，Kakao Talk 几乎成了所有人手机的必备应用程序。2010 年 Kakao Talk 刚问世时，类似"Kakao Talk 要怎么赚钱呢？""Kakao Talk 用起来方不方便呢？"这样的质疑接连不断。但在十多年后的今天，大部分人都成了 Kakao 公司的用户。

Kakao Talk 是如何在短时间内成为几乎所有人的聊天工具的呢？主要有以下三个方面的原因。第一，Kakao Talk 的产品使用方便，功能强大。第二，与 Kakao Talk 关联的外部服务和应用程序非常多。第三，身边使用 Kakao Talk 的家人和朋友非常多。

以这样庞大的用户群体为基础，Kakao 公司不断吸引现实世界的各种产业进驻镜像世界。交通出行领域有打车、叫代驾、定位、公交地铁路线实时查询和加油充电服务等，金融领域有信用卡还贷、保险服务等。今后，元宇宙的技术将不断发展，并渗透到我们生活的各个领域中。

02

向元宇宙的世界，出发！
>>> 增强现实世界

密室逃脱

有人想花钱被关起来吗？现实生活中大概没有人愿意这样做。但如果只是一场游戏呢？比如密室逃脱。密室逃脱是一款实景逃脱类游戏，玩家通过各种线索进行推理，解开房间内的所有密码或找到所有钥匙，在规定时间内到达指定区域，即可获得奖励。密室逃脱起源于2006年的美国硅谷，后来逐渐风靡全球。2015年，韩国首家密室逃脱开业，之后遍布韩国各地。

然而，人们为什么想要花钱进行这样的体验呢？可能是出于对新鲜事物的好奇或者冒险欲。随着密室逃脱的火爆，它也被引入到各种节目中。例如，韩国电视频道tvN

逃脱成功

以大型实景密室逃脱为题材，制作了一档名为《大逃脱》的综艺节目。

还有几家公司推出了大型户外密室逃脱，在韩国，具有代表性的平台就是"玩转世界"（PLAY THE WORLD）。它开发的密室逃脱还和元宇宙的增强现实技术相结合，以提升游戏体验。大家用手机登录 PLAY THE WORLD 网站选择剧本后，前往剧本指定的地点，就可以搜集该区域的各种线索，体验密室逃脱。有趣的是，当我们经过这些地方时，常常能遇到那些正在进行密室逃脱的人，他们虽然和我们同处在一个现实空间，但却似乎生活在不同的世界里。

另外，如果大家不想在户外进行推理游戏，还可以选择付费订阅服务。在"抓捕真凶"（Hunt A Killer）的网站上选择自己感兴趣的案件，和案件相关的各种线索和物品就会直接寄到家里。分析破解相关线索后，给网站发送邮件验证自己的

▲ PLAY THE WORLD

推理，排除嫌疑人，之后再次收到更多线索，接下来就重复这一过程，直到抓获真凶。

捕捉宝可梦精灵

增强现实这个概念可追溯至20世纪90年代，是一种将虚拟对象（如计算机图像）与现实世界巧妙融合的技术。换句话说，增强现实就是利用智能眼镜或智能手机应用程序，将现实世界中不存在的虚拟对象叠加到现实生活中。

几年前，风靡全世界的《宝可梦GO》就是一个具有代表性的例子。《宝可梦GO》是一款捕捉宝可梦精灵的手机游戏，玩家在街道上或特定场所打开游戏，就能看到"出现"在现实世界的宝可梦精灵。曾有人因为沉迷于该游戏，冒着危险捕捉宝可梦精灵而受伤。增强现实为什么如此受欢迎呢？原因很简单，就是因为它很神奇。比如，在现实世界的一片非常普通的森林里，如果我们使用手机的增强现实软件对其进行扫描，恐龙就能够生动立体地出现在这片森林里，这种魔法般的体验让人感到既惊讶又神奇。

手机里的"土地争夺战"

利用增强现实技术开发的元宇宙游戏中，有一种类型是"土地争夺战"。美国加利福尼亚州旧金山的游戏开发公司尼安蒂克实验室（Niantic Labs）出品的 Ingress，正是这一类型的游戏。

Ingress 中玩家分成两大阵营，分别是"启蒙军"和"抵抗军"，双方相互争夺土地。在游戏中，玩家扮演一名特勤，同时利用手机中的定位系统和谷歌地图进行游戏。玩家只需要拿着手机在自家小区里移动，行走到某个特定地点后，在游戏中标记占领据点，那么这块土地就归属自己。

这里有几个待思考的问题。第一，特勤之间如果发生

▲ Ingress

接触应该怎么办？在游戏过程中，玩家在小区移动时，在同一地点可能会遇到其他 Ingress 的玩家。如果对方要来抢夺土地，双方就有可能发生冲突。Ingress 虽然是游戏，但由于它基于现实地点进行，所以在现实世界中可能会发生一些意外冲突。

第二是关于所有权的问题。Ingress 地图上的土地在现实世界中其实是有主人的。然而在游戏当中，先占据土地的特勤才是土地的主人。在这种情况下，如果游戏玩家认为这是自己的土地并在此玩耍，甚至张贴广告并获取收益，那么现实世界中土地真正的主人可能不会开心。

"下雪的新加坡"

利用增强现实技术，我们可以在现实世界的任何空间里看到原本只能存在于想象中的画面。也就是说，在现实空间中安装一个机械设备，通过这个设备，人们可以看到并体验在现实中无法看到的事物。可口可乐公司打造的"下雪的新加坡"就是其中一个案例。那么，常年无雪的新加坡是如何下起了雪呢？

2014年冬天，可口可乐公司将寒冷的芬兰和炎热的新加坡联系在一起，举办了一场别开生面的宣传活动。为了给新加坡送上一份特别的圣诞节礼物，可口可乐公司制作了两台名为"冰雪奇幻贩卖机"（Winter Wonderland Machine）的新设备，一台放在芬兰拉普兰的圣诞老人村，另一台放在新加坡来福士广场。两台设备都安装了摄像头

和巨大的显示屏,如果有人靠近设备,那么画面就会通过网络实时传送到另一个国家设备的显示屏幕上,就像视频通话一样。然而,这个设备的功能不止于此。

芬兰圣诞老人村的"冰雪奇幻贩卖机"底部设计了盛雪的投放口,旁边放着铲雪用的大铁锹。当有人用铁锹把雪铲进设备投放口时,放置在新加坡的设备顶部安装的人工制雪机就开始喷雪。在实际不下雪的新加坡,当地人却在下雪的梦幻氛围中度过了一个浪漫的圣诞节。

可口可乐公司利用高科技打造了一个元宇宙,将芬兰的冬日仙境带到了新加坡。我们不仅要看到活动中展示的新技术,更应该关注这个活动用技术传递温暖的情怀和惊人的想象力,因为这展现了元宇宙未来的发展方向。

分享一片雪花圣诞节

"偷走班克斯"

前面介绍的增强现实技术都是在现实世界中加上可以看见的物体，相较而言，更广义的增强现实是在现实世界的基础上添加一个我们看不见的故事。也就是说，在现实世界的背景下，创造一个新的世界观，打造一个新的故事，制定一套新的规则，参与者在现实世界中遵守这套新的规则，同时进行沟通交流，发现生活中的快乐。

大家有没有偷过别人的东西？如果真的做过，恐怕会出大问题吧？因为目前现实世界中法律规定禁止偷窃他人物品。但在元宇宙当中，光明正大的盗窃却有可能得到他人的赞赏，甚至是奖励。这就是位于澳大利亚墨尔本的高级连锁酒店——艺术系列酒店（Art Series Hotels）——所打造的元宇宙。该酒店以展出著名艺术家的作品而闻名。

夏季是艺术系列酒店的淡季。为了在淡季销售1 000间酒店客房，酒店利用英国最神秘的涂鸦艺术家班克斯的作品来策划活动。先是花15 000美元的价格购入班克斯的一幅作品《无球游戏》（*No Ball Games*），并将其展示于某间分店。然后酒店向顾客发出公告，邀请住在酒店里的客人将画作偷走。偷窃规则非常简单：禁止使用枪、刀等武器进行威胁，也不得采取暴力行为。若能用其他手段把画作偷走，那么该画作就属于这位盗窃成功的客人。这是一个非常简单的盗窃游戏。但如果想参加这个游戏，参与者必须下榻艺术系列酒店。

梅根·阿内和莫拉·陶西▲

这是个能免费获得昂贵画作的大好机会，很多人都跃跃欲试。于是一时间，有非常多的人，甚至连著名艺人都住进了这家酒店，想要偷走画作。酒店将人们在尝试偷窃时被拍下的监控画面上传到社交媒体。当然，这一行为已经事先取得了客人的同意。这次活动非常火爆，多家海外媒体都对其争相报道。最终，有两名女士——梅根·阿内（Megan Aney）和莫拉·陶西（Maura Tuohy）——成功偷走了画作。艺术系列酒店这次的活动荣获克里奥国际广告奖互动类的铜奖，也荣获戛纳国际创意节公关组的金狮奖。

当然，酒店所有的客房——共 1 500 间——全被入住，收益高达投资金额的 3 倍。本次活动可以说是大获成功。

"偷走班克斯"活动展现了元宇宙全新的表达方式。增强现实并非一定要使用智能眼镜或智能手机应用程序这类高科技装备。比技术更重要的是，在现实之上添加什么样的内容，以增强人们的感觉、经验和想法，或者能够将这些传递到其他地方。

增强现实的益处

大家如果亲身体验过增强现实，就会知道那种感觉就像是生活在另一个世界里。正如之前提到的，人们非常重视游戏文化。据说，通过玩游戏，人们可以体验到二十多种感受：梦幻、着迷、竞争、喜悦、烦闷、欣慰、同情、放松、施虐、敏感、痛苦、共鸣和颤栗等。那么，增强现实给我们带来了哪些益处呢？

第一个是让幻想"成真"。很多想象的角色可以出现在增强现实游戏的虚拟世界中，就像《哈利·波特》中国王十字车站的九又四分之三站台在隔墙里出现，或者我们可以变成一名小偷去盗窃钻石。可以说，在人们通过游戏体验到的情绪当中，"实现"幻想的绝佳途径就是增强现实。

第二是便利。实际上，最广泛运用增强现实技术的领域之一是军事领域。以前，军用飞机驾驶舱内安装的是增强现实抬头数字显示仪（Augmented Reality Head Up Display/AR-HUD），即在前挡风玻璃上显示导航和速度等重要信息的设备。近年来，人们已经研发出头戴式显示器（head-mounted display/HMD），可将其融入新型飞行员头盔的设计中，成为头盔的组成部分。如今，像钢铁侠一样，瞄准目标、设定飞行路线等各种场景不再只是电影中出现的画面。此外，增强现实技术在很多综艺节目中以字幕、音效、表情符号等形式呈现。即便我们不仔细思考或特别关注，也会不断有新的信息传递给我们。无论我们是否愿意，正如它的字面意思一样，增强现实技术把我们的感官体验"增强"到了最大值。

想象也可成真！

我们的大脑处理并储存着大量信息，它不断做出各种决定，并控制身体做各种事情，这些都可以说是"思考"活动。人类的五官每秒可传递 1000 万比特左右的信息给大脑。如果用字数来计算，1000 万比特的信息大概超过 100 万字。然而我们的大脑并没有办法处理所有的信息，按照每秒 1000 万比特的速度接收的信息大部分都被丢弃，而大脑实际处理的信息量为每秒 50 多比特。换句话说，大脑只处理了所接收信息的 0.0005%，其余的则都被丢弃了。

增强现实设备在刺激我们的大脑进行有效地信息传递时，还利用视觉、听觉等感官感受，带给我们一种强烈的真实感。换句话说，如果使用增强现实应用程序，我们大脑中想象的东西就可能会展现在我们眼前。举个例子，恐龙虽然曾经生活在地球上，但如今已经灭绝，因此恐龙只存在于很多人的想象中，但如果利用增强现实应用程序，恐龙就可以出现在我们眼前。

这种现象在如今的网络内容中更为明显。字幕和表情符号已经成为许多网络内容中不可或缺的元素。在拍摄的视频上添加了字幕或表情符号后，我们无需思考想象，就能感受到其中的乐趣。比如，有一段两个人正在奔跑的视频，如果不加音效不配字幕，那这段内容就非常平淡无趣；但在加上充满紧张感的音乐、字幕和表情符号后，这段视频就变成一个两人互相追逐的小短片，内容的趣味性就会大大提升。

但需要注意的是，这些添加的内容可能会影响我们的思考。打个比方，在一条小狗用舌头舔舐一个小朋友的画面里，如果小朋友的对话泡泡中写着"我喜欢"这样一句话，我们看到视频时，就会认为小狗和小朋友的关系很好。但严格来讲，小朋友究竟是因为害怕而站住不敢动，还是因为喜欢而任由小狗舔舐，恐怕除了小朋友和小狗，谁也不知道。

就算我们不过多注意这些增强元素，它们也依然在向我们传递信息，将我们的思想和感情朝内容提供者预设的方向引导。例如，一些无聊或者平淡无味的视频在加上字幕和音效后，就会引人发笑或令人感到害怕。对这种现象我们需要提高警觉，因为如果一直按照内容提供者的意图理解信息，那么稍有不慎，我们作为人类生来具备的想象力就会不断退化。也许今后我们将生活在一个受控世界中，而内容提供者可能会按照自己的想法控制着元宇宙中人们的想象力。

35

好像我是因为害怕才这么僵硬的吧?

哈哈

去世的人还活着？

大家知道韩国的乌龟组合吗？这个组合成立于2001年，发行的歌曲都充满希望，让人感到温暖。但2008年，作为该组合队长的创作歌手Turtle Man（乌龟先生）因病去世，乌龟组合就此解散，粉丝们都悲痛不已。然而，该组合在2020年发布了一首新单曲，并在韩国音乐电视频道Mnet的人工智能（Artificial Intelligence/AI）音乐节目——《再一次》里演唱了这首歌曲。该节目利用人工智能技术，将那些活在人们回忆里的歌手们再次"请"到舞台上。

在观看歌手数十万次的舞台表演并进行深度学习后，人工智能就能够模仿歌手的神态表情和音色。它不只单纯地复刻歌手的嗓音，还能够再现歌手演唱时的氛围和感情。在节目当中，Turtle Man就像生前一样，与成员们一起唱歌跳舞，所有观众都因为感动和思念而热泪盈眶。

AI技术重现的Turtle Man与其他成员一起呈现的增强现实舞台极具爆炸效果，令人啧啧称奇。但是，我们不能认为这些技术的作用全都是积极的。对于无法区分现实和虚拟的人们来说，他们可能会因此而陷入混乱，对这一点我们要特别当心。另外，我们还应当警惕有些人可能会运用这些技术做坏事。

用于培训的智慧工厂

智慧工厂是指在产品生产过程中，通过无线通信等技术实现自动生产的新型工厂。智慧工厂的设备和装置都是通过无线通信连接的，因此可以对生产全过程进行实时监控分析。在智慧工厂内，各处都安装了传感器和摄像头，以收集数据并储存到平台来进行分析。增强现实技术也正在改变生产车间和工厂环境。

在生产车间里，工人们可以运用增强现实技术，读取叠加在实物上的图像，用以了解进行生产作业需要的各种信息。另外，通过这些设备，工人们还能够了解哪里出现了次品，哪个机器无法正常运转等。基于这些信息，人们可以最大限度地减少工作过程中的失误，防止生产作业中断。

欧洲飞机制造商——空客公司开发了一款名为 MiRA 的增强现实系统。通过该系统，工程师可以在飞机生产过程中访问飞机的三维模型，获取飞机的所有信息。这样一来，飞机支架的检查时间从 3 周缩短到了 3 天。

增强现实也经常用于车间工人培训，让工人更便利地学习生产过程中需要使用的各种技术。工人们无需去工厂，在培训时就能体验如何在工厂里进行实际生产。宝马将增强现实引入技术支持人员的培训中。以前一位教员带一名学徒，而现在每位教员同时培训三名学徒，由此大大降低了员工培训成本。

如今，增强现实正在改变生产车间和工厂，并展现出诸多优点，例如安全性提升、工作时间缩短、质量提高、培训成本降低等。今后，取代学校课程的在线课程也将结合增强现实相关技术进一步发展。学校不仅要教授书本知识，还应培养学生的社会能力，因此我们希望学校能够引入增强现实等元宇宙技术，以更加多样化的方式进行教学。

创造全新的自己——ZEPETO

由 NAVER[①] 的子公司 NAVER Z 推出的 ZEPETO 将增强现实、生命记录和虚拟世界的技术相结合，为用户提供了多种功能。

第一，ZEPETO 结合了 3D 技术和虚拟化身服务。和元宇宙（Metaverse）一样，"虚拟化身"（Avatar）一词也是在小说《雪崩》中首次出现。虚拟化身是指在网络环境中代替自己的角色，或者说是另一个自己。在 ZEPETO 中，用户可以按照自己的形象制作一个 3D 虚拟化身，然后利用这个虚拟化身在社交媒体和虚拟世界中与其他用户一起沟通交流、享受游戏。

第二，ZEPETO 为用户提供了一个市场平台。也就是说，在 ZEPETO 当中，用户可以自己制作各种服饰，这些作品既可以自己使用，也可以销售给其他用户来赚取收益。

第三，ZEPETO 还具有社交媒体功能。用户可以完全按照自己的想法装扮一个以 3D 虚拟化身为主角的个性空间。就像我们在现实生活中装修一样，用户可以使用墙壁、

[①] NAVER 是韩国股票市场上市值最高的互联网公司，也是韩国最大的搜索引擎和门户网站。——译者注

地板和各种道具来装饰空间。布置好之后，用户可以在照相区拍照上传到照片墙。

用户们还可以直接制作虚拟化身的游戏和活动空间，虚拟化身在空间里可以实时进行小组交流或单独对话。ZEPETO 从 2018 年 3 月起开始提供服务，到现在依然享有超高人气，且用户数量呈持续上升趋势。

这种利用虚拟化身而非现实容貌进行交流的方式，在有些人看来可能有些奇怪。但是我们可以认为这些装扮精致的虚拟化身并不是对我们现实容貌的否定，而是在元宇宙中利用幻想开辟出的一条全新沟通渠道。

03

向元宇宙的世界，出发！
>>> 生命记录世界

别人是如何生活的？

"生命记录"（也称生命日志）是指人们记录储存自己在现实世界中如何生活、和谁见面、产生的各种想法以及积累的生活经验等内容，有时还将这些内容和其他人分享的一种行为方式。

最近韩国电视上出现了很多生活观察类的综艺节目，观察对象不仅有明星艺人，还有像我们一样的普通人。韩国 KBS 电视台的《人间剧场》就是一档展现普通人生活的老牌电视节目，节目通过讲述普通人不普通的故事和特殊人群的平凡生活，贴近采访我们身边的人和事，来引发观众的共鸣和思考。

此外，MBC 电视台的人气综艺节目《我独自生活》算得上是明星艺人们的"人间剧场"，SBS 电视台的《我家的熊孩子》和 tvN 频道的"On & Off"等节目也都是生活观察形式的节目。但实际上，我们无法确定这些节目中有哪些内容是真实的，有哪些是由剧本设定的，也就是说，在很多情况下，我们并不清楚其中有多少内容像电视剧一样存在着表演的成分。

从严格意义上来说，这些节目并不属于生命记录元宇宙。虽然它们记录展示了观察对象的生活，但其他人不能实时评论或者与观察对象进行交流。不过这些节目确实展示并与其他人一同分享了观察对象的生活，并通过论坛或媒体间接地传达了他人的评论，综合这些因素，从广义上来看，它们也可以算是生命记录的例子。

生命记录的目的

生命记录是一种记录储存我们在生活中看到、听到、感受到的各种经验和信息，有时还与他人分享这些内容的活动。如今人们经常使用的各种社交媒体都属于生命记录元宇宙。怎么样？是不是感觉我们已经生活在元宇宙里了？生命记录者们将自己的生活和自己身边发生的所有事情都用照片、图画、表情符号等文字图像以及视频等各种方式记录下来，并将其储存到在线平台上，这个平台就像是一本日记。另外，当看到其他人发布的生命记录内容时，生命记录者们会用文字或表情符号表达自己的想法。为了与更多人分享，他们还会将别人的生命记录内容搬到自己的主页上。

以前人们写日记，除了是为了完成作业以外，大部分情况都是记录自己的回忆或是不想让其他人知道的感情。那么在21世纪，像日记一样的生命记录都有些什么内容

呢？据统计，人们通常在社交媒体上分享自己在做的事情、想要推荐的东西、感兴趣的新闻报道、自己的各种感想和未来计划，以及其他人的生命记录等各种内容。

乍一看，大家可能觉得这和过去的日记没有什么不同，但值得注意的是，如今的生命记录在记录的过程中出现了"编辑"的现象。"编辑"就是从制作者的视角出发，删除不需要的内容，或者将不同的片段拼接起来，从而制作出精美的内容。也就是说，在现代的生命记录当中，人们会删除很多自己不想让别人看到的样子或者自己的真实面貌，而余下的部分也是全部经过编辑整理后才会上传分享。

根据统计，30%以上的生命记录都是照片，人们喜欢在一些危险但能让人震惊或羡慕的地方摆出各种好看的姿势拍摄照片。这一现象也使得手机的相机性能不断提升。说到底，人们删除自己不想展现出来的样子，更多地展示所有人都觉得"好看""帅气"的形象，借此来享受他人的称赞才是人们进行生命记录的目的。

社交媒体中"你"的意义

在现实世界中，大家一般和朋友们都是如何相处，又是怎么见面的呢？可能是一起上下学或上同一堂补习班，一起在路边摊吃饭，有时也一起玩游戏。为了见到朋友，大家可能都是走路或者乘坐公交、地铁。但是，在生命记录元宇宙上与他人见面时，我们搭乘的不是公交地铁，而是Wi-Fi，通过社交媒体与朋友见面。那么，大家在社交媒体上都和哪些人交流呢？也许大家的好友列表中大多数都是和自己有着同样兴趣爱好的人，但是可能并不知道对方是谁。

我们在现实世界中可以交朋友，那为什么非要通过社交媒体来结识新朋友呢？也许是想收到更多人对自己获得成功的认可和祝贺，以及在自己低落时给予的安慰和鼓励。

此外，社交媒体的一大特点就是，比起现实，我们能与更多人交流，并且能在更短的时间内得到对方的反馈，从而更能够感到幸福或者慰藉。

如果从医学角度进行分析，这种现象是由于我们在期待开心的事情发生时，体内会分泌出一种名为"多巴胺"的激素，如果这件事情真的发生了，那么体内又会分泌一种名为"内啡肽"的激素，这会让我们产生一种幸福感，而我们对这种感觉的需求是没有止境的。因此，为了得到这种无止境的幸福，我们就会不断地在社交媒体上发布内容，查看别人的评论，然后自己又对这些评论做出回应。

然而，这里有一个秘密。这种无穷无尽的幸福表现为：刚开始，我们可能对五个点赞和一个评论就感到很满足，但随着时间的推移，我们会想要越来越多的点赞和评论。就像小朋友渴望得到表扬一样，我们会希望在社交媒体上，有更多的人称赞我们的成功，安慰我们的失落。这种现象是非常自然的，因为人们天生就忠于自己的情感。但是，如果我们对社交媒体的评论过于沉迷，那么可能会与现实世界脱节。希望大家在使用社交媒体时，能够适度使用，避免过于沉迷。

从今天起绝交！

在现实世界中，如果有个不喜欢的朋友，大家会怎么做呢？不管怎么做，恐怕都无法轻易和他断绝关系。但在社交媒体上，虽然我们和志同道合的人因为相同的兴趣爱好而聚集在一起，但是却可以随时断绝朋友关系。在社交媒体上，我们偶尔也会遇到一些不喜欢的朋友。当看到一些人批评或嘲笑我们上传的照片或文章时，难免会觉得心里难受。在这种情况下，我们点击"删除好友"，就能轻松终止这段关系，而不需要像在现实世界一样，忍受心里的不舒服。在社交媒体上发生的人际关系和沟通交流与现实世界不同，我们拥有完全的主动权。从专业角度来说，这就是"控制感效应"（Controllability Effect）。在生命记录元宇宙中，我们可以轻松记录自己的生活，毫无负担地与他人分享，但当我们觉得不喜欢时，也常常会把这些生命记录删除或者取消共享。

这里有一件需要考虑的事情。和现实世界的朋友关系相比，如果我们更热衷于在社交媒体上交朋友，那么我们很容易因此感到孤独和空虚。因为通过社交媒体，对方看到的和我们了解到的，都只是对方美好的一面，实际上，双方并没有真正地了解彼此。基于这种只停留在表面的了

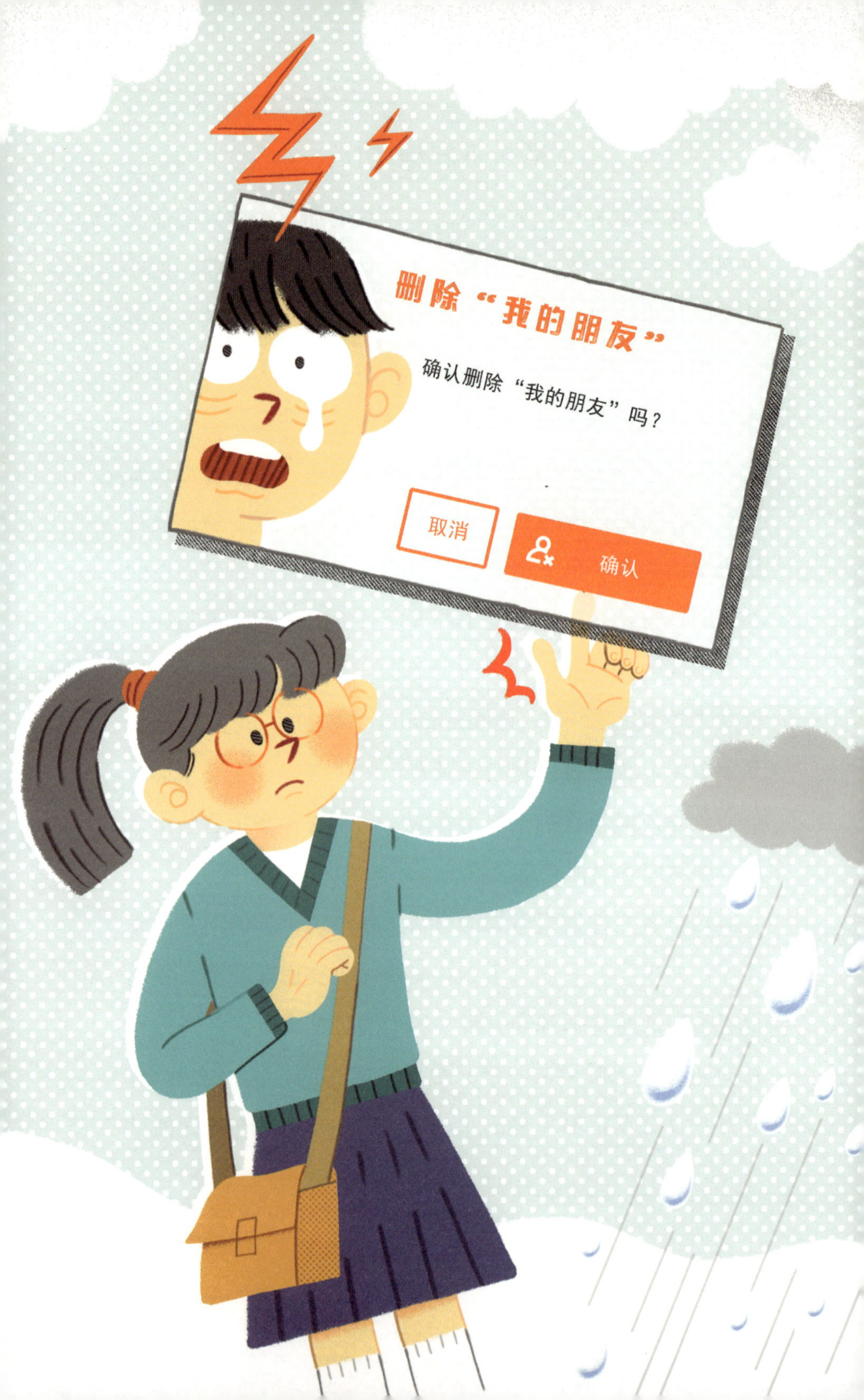
删除“我的朋友”
确认删除“我的朋友”吗？
取消
确认

解，一旦产生误会，这段关系随时都可能结束。因此，即便通过社交媒体交朋友，我们也需要像现实世界一样抱着认真、谨慎的态度。

有意义的日常琐碎记录

生命记录元宇宙，就是关于某个人的生命记录或生活中的琐碎日常。那么，我们记录这些琐碎的日常有什么用处呢？难道不是在浪费时间吗？如果大家有这样的想法，那么下面我们一起来看一看广岛大学数学系西森拓（Hiraku Nishimori）教授所做的实验吧！

西森拓教授选择了两组蚁群作为实验对象，第一组中有一些容易迷路的蚂蚁，第二组则全部是擅长找路的蚂蚁，实验观察哪一组能更快到达目标地点。结果出人意料，第一组比第二组更快到达了目的地。这是怎么回事？原来第一组中的一只蚂蚁走进了岔路，乍一看，这似乎对完成任务没有什么帮助，但这只蚂蚁意外走上的那条岔路却是一条捷径，由此产生了让人意外的结果。

通过这个实验可知，即使我们的生活普通平凡，但通过普通人的生命记录，我们也能够发现意想不到的事情或者学习到生活的智慧。因此生命记录元宇宙能否成为生活的活力来源，取决于我们如何使用它。

真正的我是什么样子？

大家在现实世界的样子与在生命记录元宇宙的社交媒体上展现的样子是一样的吗？还是截然不同？小 A 在微信里非常善于交际，性格活泼幽默。因此，在微信上他有很多朋友，上传的照片和视频也有很多点赞和评论。另外，在微博上，他对政治经济话题也非常关心，经常积极发表各种意见，并和他人进行讨论。然而，在学校里，小 A 做事却并不主动，和同学们对话时也非常害羞，从来没有主动和别人搭过话。这样判若两人的小 A 是同一个人吗？

这就是当今世界，一个人同时生活在现实世界和各种元宇宙当中，并展现出不同的人格特征。那么，像小 A 这样拥有不同人格特征的人是具有多重人格吗？根据每个人表现程度的差异，结论会有所不同，但一般来说，大部分人都不具有多重人格。相反，我们可以认为，人们在各种元宇宙中表现出来的人格特征的总和就是真正的自己。在微信上积极与陌生人交流的小 A、在微博上和他人讨论政治经济话题的小 A，以及在学校里表现非常害羞的小 A，这些的总和就是真正的小 A。

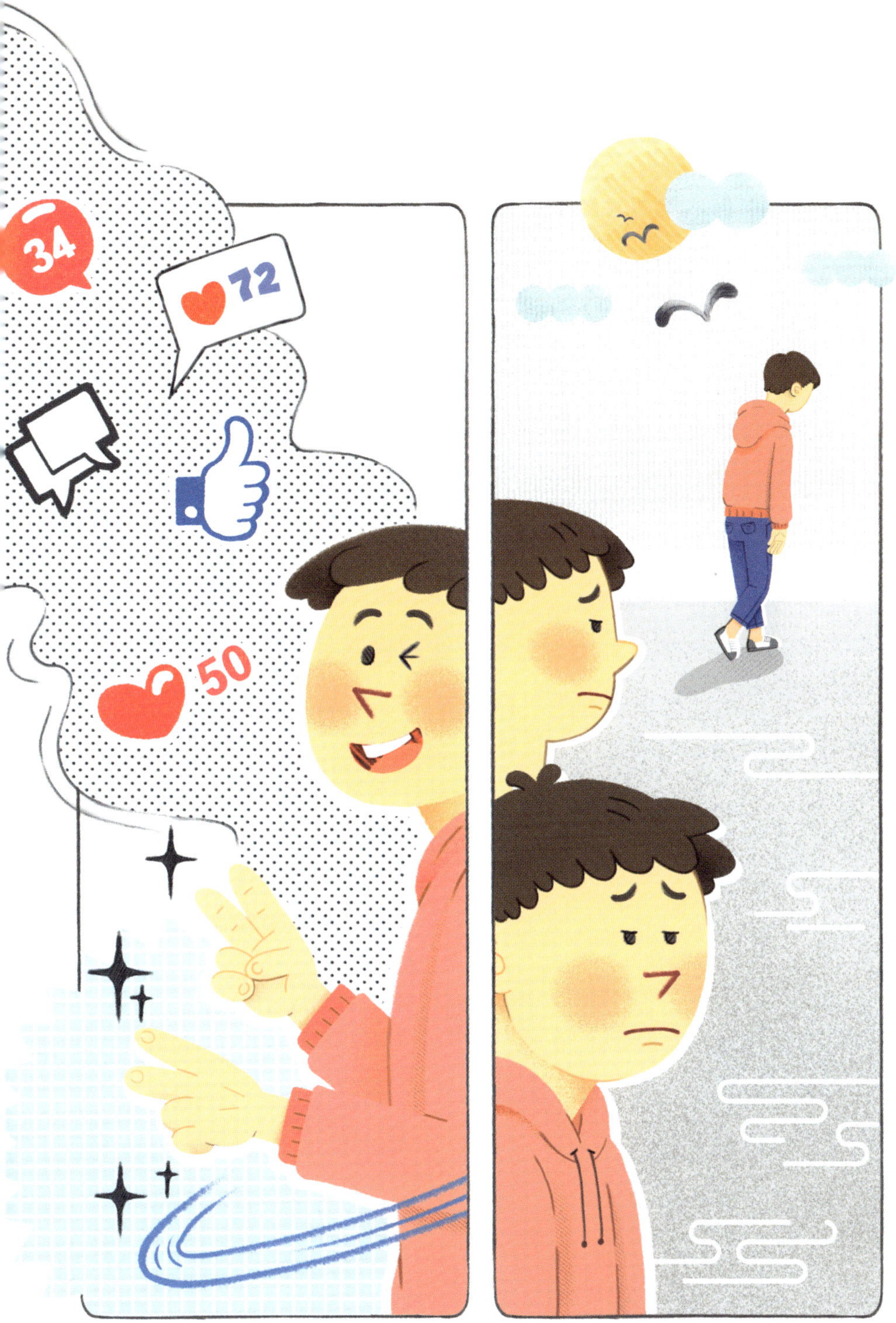
34
72
50

"消除"孤独

曾有人说过:"人类是社会动物。"在现实世界中,我们每个人都会和家人、朋友建立关系,但我们也常常因此与人产生各种误会和矛盾。不仅如此,建立起这些关系也并非易事。不过与现实世界相比,我们在元宇宙中能更快和他人熟悉起来,这是为什么呢?

通常,在灯光昏暗的环境里,由于我们看不清他人的表情,所以一般不会害怕他人,也就是说,在黑暗中我们会降低对他人的戒备。在这种情况下,我们会认为他人的行为对自己是有利的,那么对彼此也会更容易感到熟悉和亲近,这一现象被称为"黑暗效应"。和现实世界一样,社交媒体元宇宙也具有类似的黑暗效应。在社交媒体上,我常常上传使用一些微笑头像或者给别人点赞,这样一来,其他人眼中的我就是一个积极正面的人,因此他们会放下对我的戒备,也更容易和我亲近起来。因此可以说,在元宇宙中没有孤独的人。

那么,如果我们在现实世界中见到了在元宇宙里认识的朋友会怎么样呢?也许我们会像见到老朋友一样感到亲切。这源于前面所提到的黑暗效应,以及我们经常在社交媒体上联系而产生的熟悉感。需要注意的是,这些朋友可能与我们在元宇宙上认识的他们有一定差距。因为人们并不会把自己真实的样子上传到生命记录元宇宙上,就连我们自己也是如此。

展示自我的 vlog

在元宇宙的社交媒体上,人们一方面想要隐藏自己的缺点,另一方面又想展示出自己的优点。为了满足这种需求,vlog 应运而生。vlog 是由表示"视频"的英文单词 video 和表示"博客"的 blog 组成的一个合成词,这

个单词的意思就是拍摄日常生活，并把视频分享到社交媒体上。vlog 最早出现在英国 BBC 电视台一档名为"Video Nation"(1993~2001) 的节目中，观众们将自己拍摄的日常生活视频发送给电视台，这些视频就会在该节目上播出。自 2015 年左右，随着互联网速度的飞速提高，且人们仅用手机就能轻松拍摄出画质清晰的视频，vlog 文化也因此迅速传播到大众群体中。

人们为什么要制作这些记录琐碎日常的视频呢？哈佛大学的杰森·米切尔（Jason Mitchell）教授做了一个测试，目的是了解人们喜欢讲述什么样的故事。在测试过程中，实验人员会向受访者提出各种不同类型的问题，例如"你喜欢什么食物？"这样的个人问题，"你的朋友喜欢什么食物？"这样关于他人的问题，以及"今年最畅销的方便面是什么？"等常识类相关问题，受访者可以选择回答其中一类或几类问题，实验结果显示，大部分人都选择回答"你喜欢什么食物？"这样的个人问题。也就是说，相比谈论父母、老师或朋友，人们更喜欢谈论关于自己的事情。因此，越来越多的人开始分享记录自己故事的 vlog，这样的生命记录元宇宙也在不断增加。

但是随着 vlog 的发展，也会出现一些无法预见的问题。例如，大家将校园生活拍摄成 vlog 时，尽管视频的主角是自己，但有时也会不可避免地拍到其他人。这种情况就属于侵犯了他人的肖像权，在法律层面上会有一定问题。另外，大家是以学生的身份去学校上学，因此如果在课堂上拍摄 vlog，那么很有可能会妨碍到其他同学上课，甚至侵犯到他人的隐私。不仅如此，还会出现一些有关道德和礼仪方面的问题。假如同学之间或学校里发生了一些不好的事情，我们却以记录为由进行拍摄，那么对他人来说，这可能是非常冒犯的行为。因此在拍摄 vlog 时，我们要小心谨慎，不要越过应该遵守的底线。

很多人在拍摄 vlog 的同时，也会认真搜索观看其他人的 vlog。这可能是由于他们想了解其他人的生活方式，并通过观看别人所做的一些自己没有做过的事情来获得满足感。此外，他们也有可能是想通过这种方式来获取与他人的共鸣和交流，由此感受到自己并不孤独。

快速！便利！所有人！

提到社交媒体，大家最先想到的是什么呢？可能是微博、抖音、QQ、微信等，那么大家听说过 GeoCities（雅虎地球村）、The Globe 或是 Triford 吗？恐怕答案是否定的，因为这些社交媒体服务大概是在上世纪 90 年代中期左右出现，如今已经全部消失了。这些服务都是通过电脑有线网络进行连接，而不是使用智能手机或 Wi-Fi。

1999 年面世的赛我网（Cyworld）是和 GeoCities 等类似的社交媒体服务。凭借复古热潮，作为大家回忆里的通讯方式，赛我网常常出现在各种电视剧和综艺节目中。赛我网提供的代表性服务是迷你小窝，比起经营个人网站，装扮管理迷你小窝更加容易。赛我网的专用虚拟货币叫"橡果"，就像增强现实元宇宙 ZEPETO 一样，用户可以使用该货币来购买相关产品，以此装扮自己的角色和迷你小窝。

当时，赛我网拥有庞大的用户群体，但 2010 年以后，随着新的社交媒体服务在韩国普及，赛我网的用户数量急剧减少，最后只能宣布终止服务。但随着元宇宙时代的到来，

▲赛我网迷你小窝

2021年8月，赛我网重新开启了服务，不过目前只恢复了用户之前的账户、照片和视频，距离提供全面的服务，还有很长的路要走。但很多上世纪90年代的用户热情极为高涨，在开服后11个小时内，赛我网的访问量就超过了400万人次。

那么，一度消失的赛我网和正在成长的新的社交媒体服务有何差异呢？第一是可及性。过去，赛我网需要通过电脑连接，而新的社交媒体服务通过智能手机就可以快速连接。在大部分人都拥有智能手机的现代社会，赛我网无法让用户体会到便捷性。第二，大部分新的社交媒体服务的用户菜单比赛我网更加便利和简易。第三是平台特性。赛我网的用户只能使用"橡果"购买赛我网内的装备，而新的社交媒体服务的用户在其平台内就可以轻松使用其他网页的应用服务。新的社交媒体服务为用户和企业打开双边大门，用户无需退出手机应用程序，就能享受多种服务。

归根到底，为了不断发展生命记录的社交媒体元宇宙，所有人都应该敞开大门，帮助更多人和更多企业快速便利地融入到元宇宙中。期待今后，赛我网能利用元宇宙的这些特点，提供新的服务，以取得快速发展。

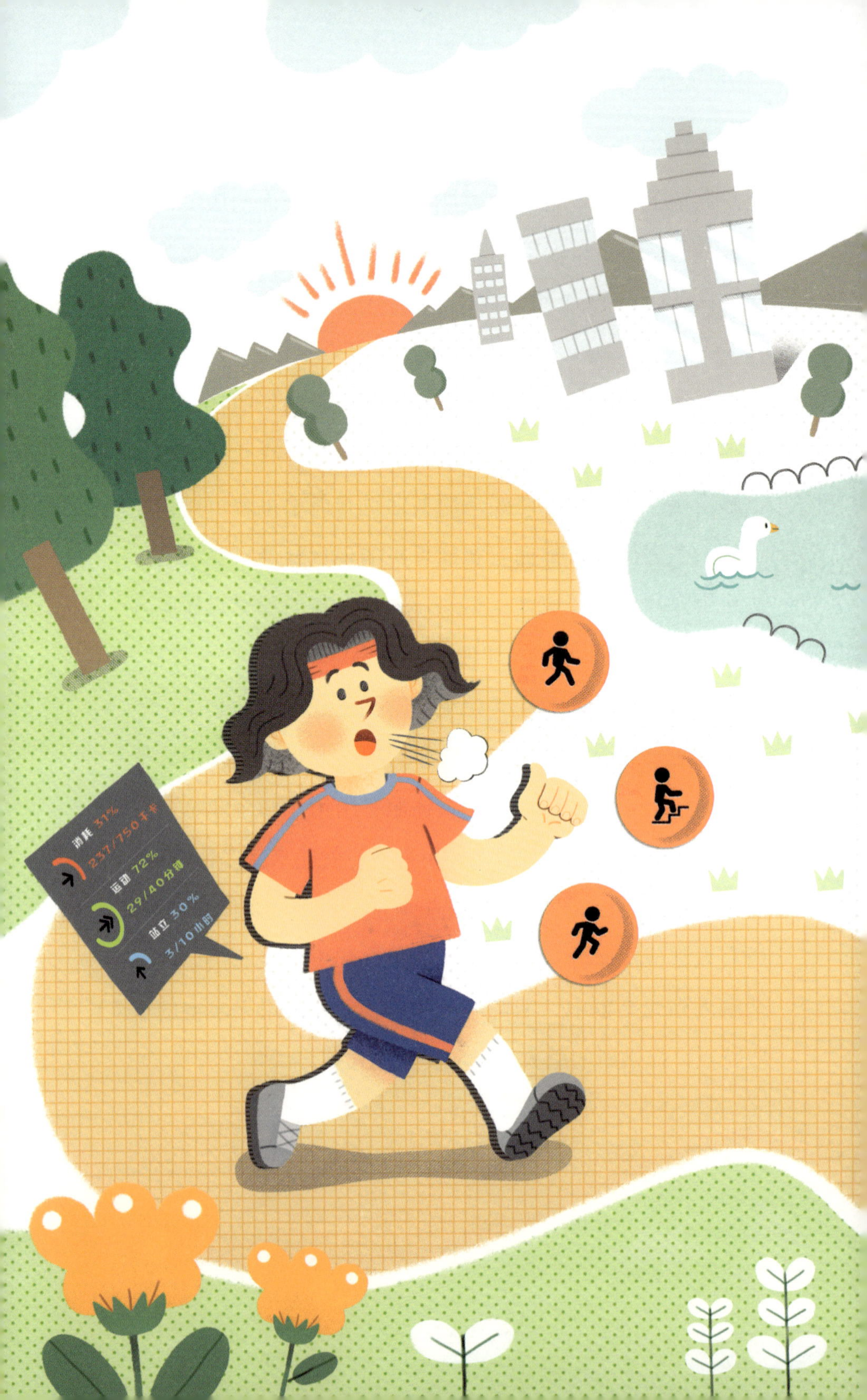
消耗 31%
237/750千卡
运动 72%
29/40分钟
站立 30%
3/10小时

耐克元宇宙

到目前为止,我们了解了关于拍摄并共享个人日常生活的生命记录元宇宙。然而,像社交媒体这样的生命记录元宇宙,并不只用于分享人们的日常生活。目前,它正在向多个领域扩张,甚至能影响到整个产业,其中最具代表性的案例就是耐克元宇宙。以 Air Max 闻名的耐克推出了多种服务,收集了解人们如何运动、何时运动以及运动量等各种消费者相关信息,借此更好地销售已有的运动装备。

2006 年,耐克与苹果公司合作推出的 Nike+ 服务就是一个例子。用户只要把耐克传感器贴在鞋子上,然后开始跑步,Apple iPod 里就会有一条运动记录,该记录随后会被上传至电脑。2012 年,耐克又推出了一款智能健身腕带"Nike+ FuelBand",用户佩戴上该设备,即便没有专门去运动,也能了解到自己在日常生活中消耗了多少卡路里。

然而，由于其他竞争对手纷纷推出可穿戴设备，耐克则放弃了这些服务，转而发展应用程序，并以此为基础，让消费者更迅速、更便捷地移动到耐克打造的运动元宇宙当中。耐克推出的跑步应用程序 Nike+ Running，以及健身训练应用程序 Nike Training Club，就是典型的例子。在 Nike+ Running 中，我们可以把自己的跑步路线和记录分享到社交媒体上，与朋友们相互点赞、相互竞争。在 Nike Training Club 中，我们可以按照一些著名体育明星的训练计划一起锻炼，并将自己完成的训练记录分享到社交媒体上。

Nike+ Running 和 Nike Training Club 的用户数量正在逐渐上升。相比所有调查机构，耐克元宇宙拥有更加庞大的运动记录数据。这为实现销售更多已有运动装备的目标，以及提升耐克的企业价值发挥了很大的作用。

可以与名人直接对话？

大家想结识名人吗？如果答案是肯定的，请使用ClubHouse吧。ClubHouse是一款于2020年3月推出的语音聊天应用程序。作为一款语音社交媒体软件，用户可以与业界相关人士或朋友进行语音对话。目前，新用户必须通过老用户的邀请才能注册，而且所有人只能通过语音交流，不能打字，也不能发视频。

ClubHouse原本只是一个拥有60万用户的小平台，但它在IT行业从业者中广受欢迎。尤其是在初创行业的创业者们纷纷加入后，ClubHouse的知名度逐渐扩大了。最近，随着埃隆·马斯克（Elon Musk）的加入，ClubHouse的用户数量大幅增加。可以与现实世界中不常见到的名人进行实时对话和沟通，是ClubHouse用户量增加的重要原因。

ClubHouse中有许多房间，每个房间都有管理者（Moderator）。此外，参与者分为只能聆听对话的听众（Listener）以及拥有说话权限的发言人（Speaker）。用户一开始只是普通听众，但可以点击房间下方的举手按钮申

请发言，只要管理者批准通过，就可以开始说话，这就像是社交媒体里的课堂一样。

ClubHouse 的这种只有受邀才能加入的特殊形式，充分利用了人们渴望得到认可和选择的心理。不仅如此，拥有相同兴趣爱好、关注同样问题的人们还能够聚在一起对话讨论。人们在交流过程中使用的是自己真实的声音，而不是像 AI 那样的语音生成器，这也让用户感到更加亲切和真实。

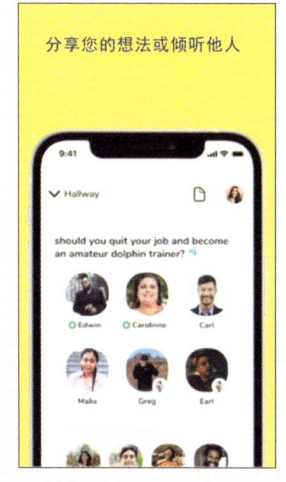

◀ ClubHouse

04

向元宇宙的世界，出发！
>>> 镜像世界

打造专属世界——《我的世界》

2011 年,一款像乐高一样的游戏面世了。在这个游戏里,玩家可以通过随意搭建和拆除方块来打造专属于自己的世界,这就是《我的世界》。《我的世界》是一款沙盒游戏(Sandbox Game)。Sandbox 一词的本意就是沙盒。沙盒游戏指的是,在一个装满沙子的大木箱里,玩耍者用沙子堆成各种东西后将其推倒,然后再重新堆建新东西的过程。在《我的世界》这款沙盒游戏中,玩家就像在沙滩或游乐场里玩沙子一样,可以随意搭建建筑,或将其拆除。《我的世界》最早是由一家瑞典游戏开发商 Mojang Studio 开发,后来微软公司花巨资收购了这家公司。

《我的世界》中有韩国的佛国寺和景福宫、印度的泰姬陵以及法国的埃菲尔铁塔等世界各地的著名建筑。除此

▲《我的世界》

之外，随着新冠病毒疫情蔓延，2020年，《我的世界》里还出现了美国多所大学的校园，且建筑环境完全还原现实。教室、图书馆、宿舍，甚至餐车都与现实里的一模一样。

事实上，很多人都反馈《我的世界》中电脑图像的画质很差。但尽管如此，《我的世界》依然深受小学生们的喜爱，这是为什么呢？因为他们在《我的世界》中进行的所有活动，包括搭建和拆除建筑物，都是出于他们自

《我的世界》▲

己的意愿，而非学校或老师的要求。我们每个人都对自己付出努力后得到的成果非常珍惜，且对其充满信心，因此我们会倾向给予这些成果更高的评价，这被称为"心血辩护效应"（Effort Justification Effect）。也就是说，比起一些已经存在的事物，我们会认为通过自己的想象力和努力创造出的东西更有价值。《我的世界》元宇宙就充分利用了这一点，让大家能够在游戏世界中尽情发挥想象力和创造力。

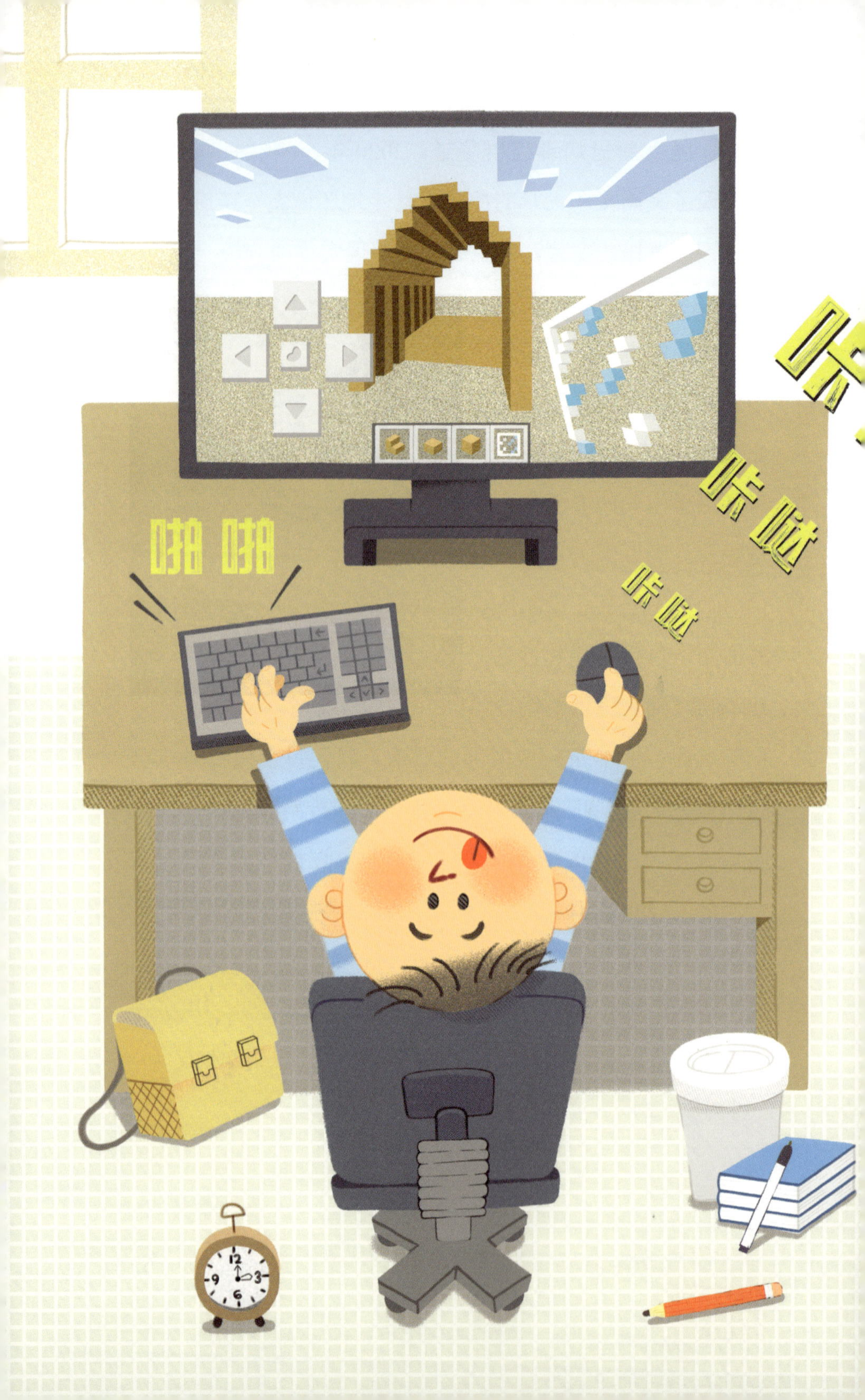
啪 啪
咔哒
咔哒

高效性和扩张性

大家每天早上都会照镜子吗？可能不只是早晨，现在很多人一有空就会照镜子。镜子是一种映照出真实事物的工具。那么，如果镜子进入元宇宙世界会发生什么事情呢？在元宇宙中，"镜像世界"是将现实世界中各种形态信息等内容原封不动地复制后而创造出来的一个世界。因此，镜像世界不仅比现实世界更实用、更有效，而且范围和规模也相对更大。从专业角度看，镜像世界提高了现实世界的效率，并对其进一步扩张。

假设我们和父母要规划行程去度假，首先要预定酒店。我们可以打开应用程序，了解各个酒店的位置、环境和价格等各种信息，最后选择符合条件的酒店预定即可。这样一来，我们既不需要亲自实地去找，也不需要一个一个打电话咨询。是不是很实用，很有效？同样，在预约餐厅时，我们也可以在应用程序内搜索美食，通过参考餐厅位置等各种信息，进行选择预约。

那么人们在应用程序中选择酒店或餐厅的依据和标准是什么呢？评分和顾客评价等信息是人们做出决定的重要因素，这就是信息的扩张性。例如，在外卖应用程序中，人们的订餐标准有价格、位置和配送费等多种因素，但其中最重要的还是食物的味道。然而，作为人的感觉体验，在我们把食物吃到嘴里之前，我们是没办法知道它的味道的。但在外卖元宇宙中，我们可以通过一些依据来推测食物的味道如何。这就是镜像世界实现扩张性的重要因素——评论和评分。因此，在进行评价和评分时，我们一定要小心谨慎。不管是制作食物的餐厅还是点餐的顾客，都会受到我们的评价和评分的影响。如果我们谎称哪家店的食物不好吃，或者因为收了钱而给一家味道不怎么样的餐厅写下好评，这样做到头来骗的还是自己。我们不应该让这样的事情发生。

镜像世界的缺点

镜像世界元宇宙的高效实用给我们的生活带来了巨大的变化，其中极大地提高了我们生活效率的就是导航服务。过去，我们都是拿着纸质地图找路，而如今，我们跟着导航就能去想去的地方。通过定位系统，谷歌地球、NAVER地图等各种应用程序为用户提供网络地图服务，还会定期更新地图信息，尽量在最大程度上反映现实世界的变化。

但是镜像世界并不会向我们展示现实世界中的全部内容。通过应用程序预定的酒店旁边有哪些建筑、哪些商店，在到达酒店之前，我们是无法了解这些详细信息的，因为应用程序并不提供这些与用户主要需求无关的信息。由于镜像世界只能按照用户需求，提供其他用户在应用程序里上传的信息，因此常常与现实的情况存在一定差异。但尽管如此，镜像世界的高效性和扩张性，正广泛作用于商业、教育、交通、运输等各个领域。

谷歌的免费地图服务

大家知道《哈利·波特》里的魔法地图吗？把拐杖放在羊皮纸上念出咒语，羊皮纸上就会出现霍格沃茨的地图，霍格沃茨里每个人的位置和名字也会一同在地图上用脚印被标记出来。但在现代社会，即使我们不是魔法师，不念出咒语，我们每个人都可以施展这种魔法。当然，我们的道具是智能手机，而不是《哈利·波特》里的羊皮纸。如果我们在搜索框里输入想要去的位置，那么手机地图就会用箭头来标记该位置——就像魔法地图上的脚印一样——并显示行程耗时多久。此外，手机中还有一种"定位追踪"应用程序，如果我们在别人的手机上安装该程序，就能在自己的手机地图里看到对方的位置。

然而，大家知道这些应用程序进行定位追踪或导航所

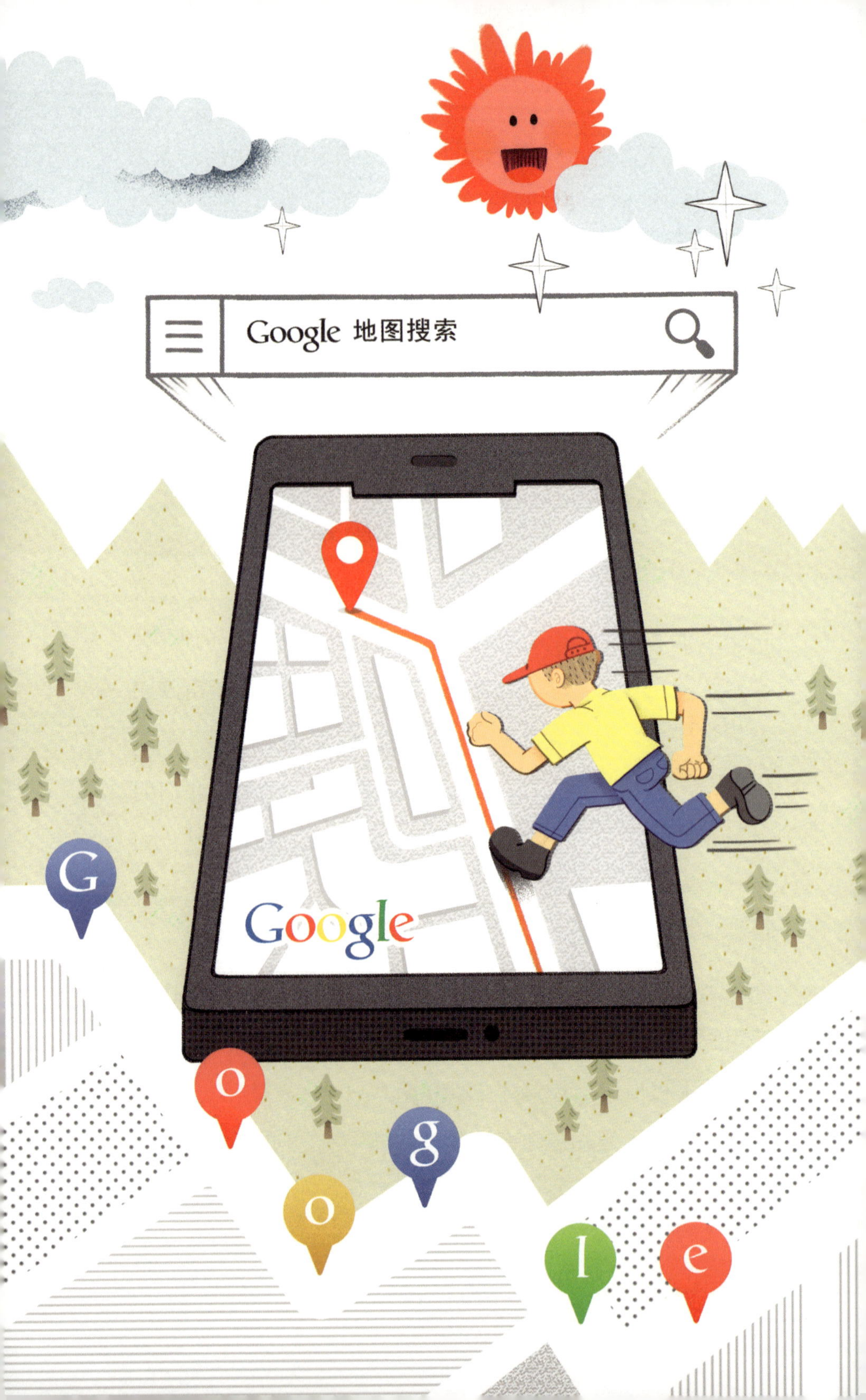
Google 地图搜索
Google
G
o
o
g
l
e

需的地图数据来自哪里吗？答案是谷歌地图服务。那么谷歌为什么要制作电子地图呢？自2005年2月谷歌开始提供电子地图服务后，至今依然在持续更新，并不断扩大服务范围。谷歌地图中不仅展示地面环境，还有航拍照片，甚至部分水下场景都被做成了全景图像。谷歌还给很多公司授权，让他们免费使用谷歌地图服务。这些公司在创建导航服务时使用谷歌地图，在制作外卖应用程序时也使用谷歌地图。

制作如此庞大的地图必然要耗费大量的人力和财力，那么谷歌为什么要免费提供全部的数据呢？很多人都对此十分好奇。随着无接触时代的到来，越来越多的企业或国家开始打造、利用镜像世界元宇宙，同时就会越来越需要谷歌的这些数据。谷歌也将因此掌握巨大的权力，因为它控制着众多镜像世界的基础数据。

庆幸的是，镜像世界元宇宙需要的不仅仅是谷歌免费提供的地图服务。根据地图上的内容，人们对它们的用途也会有所不同。也就是说，相比地图本身，地图上的各种建筑物、餐厅、酒店住宿或是人们的行动路线等各种具体的信息更加重要。因此，在打造镜像世界时，不仅要考虑地图，还应该思考地图中要包含什么内容。

线上教室 Zoom

学校的课程可以以新冠病毒疫情作为分界点，分为前后两个时期。在新冠病毒疫情之前，学校都是怎么上课的？学生们都坐在教室里，面对面听老师讲课，回答问题，向老师提问。但在新冠病毒疫情之后的无接触时代，线上课程常常会取代线下课程。大家不是坐在教室里听课，而是在家通过电脑屏幕与老师同学们见面、上课。这就是把现实世界中的课堂搬到了镜像世界里。在满足这类在线课程需求所提供的服务当中，Zoom 的崛起最为迅速。Zoom 最初是专为企业提供的一种视频会议服务，平台主要包含远程视频会议、聊天、线上投票和小组讨论等功能。然而，在新冠病毒疫情暴发以后，随着许多国家的学校和教育机构都采取线上授课，Zoom 的使用量大幅增加。

远程授课大致有三种形式。第一种形式是老师提前录制好课程视频并上传。事实上，在课堂中，学生和老师以及学生和学生之间的实时沟通是非常重要的，如果老师提前录制好讲课视频，就难以实现这种实时交流，最终的授课也只能变成老师单方面的讲课。第二种形式是老师虽然使用 Zoom 进行实时授课，但没有任何实时的互动。也就是说，老师虽然打开视频，使用课程资料给学生们上课，

但是学生们的摄像头和麦克风都处于关闭状态，这种形式也属于单方面的授课。第三种形式是老师通过 Zoom 进行实时远程授课，并且老师和学生、学生和学生在线上积极交流，交换意见。

到目前为止，远程授课一直是基于视频的会议服务，并以在屏幕中显示参与者面部图像的方式进行。不过，如果大家想用其他东西来代替自己的脸，也可以选择 Teooh

这样的服务。Teooh 和 Zoom 一样，都是将现实世界的课堂搬到了线上。但它与 Zoom 的区别在于，大家登录后，可以创建一个虚拟化身，不需要使用自己的面部形象。在课堂上，大家可以使用各自创建的虚拟化身听课，还可以和其他虚拟化身进行对话。

在这种无接触环境中，像 Zoom 这样的视频会议工具正在成为我们所有人的教室。如果使用得当，我们可以通过这样的上课方式挑战大家的创造力和想象力。但仅在镜像世界中，我们无法实现学校教育的所有目标。学校不是单纯教授知识的地点，而是培养学生健全人格的教育机构，所以学生和老师必须要在现实生活中见面交流。因此，我们应该不断思考如何将镜像世界的高效性和扩张性与现实世界联系起来。

数字实验室

人们需要在医学实验室里从事对各种病毒的医学研究，以保护人类不受其威胁。如今，人们已经将现实世界的医学实验室搬到了线上的镜像世界中，充分利用镜像世界的高效性和扩张性，打造了许多巨大的数字实验室。

名为 Foldit 的实验室就是其中之一。2008 年，华盛顿大学从事蛋白质结构研究的大卫·贝克（David Baker）教授开发了Foldit平台并向公众开放实验，就像体验游戏一样，人们可以在互联网上使用各种方法，阻止病毒在体内蔓延，从而达到预防疾病的目的。尽管这些普通用户并不具备专业知识，但他们凭借创造力和直觉，通过各种方式折叠蛋白质氨基酸链，也为医学发展提供了帮助。特别是在2011年，6万名在线参与者在短短10天内就确定了治疗艾滋病所需的蛋白质结构，解决了无数科学家10年来都没能解决的问题。

2020年的春天，华盛顿大学研究团队在Foldit平台上发布了一项有关新冠病毒蛋白结构的新任务，以研发针对新冠病毒的特效药。目前约有20万人在数字实验室里共同参与这一实验，我们相信，新冠病毒特效药很快就会被研发出来。

万物皆可配送的时代

就算把当前的时代称为外卖时代也并不为过。我们不需要去菜市场买菜，只要拿起手机通过Coupang[①]或Market Kurly[②]应用程序下单，第二天早晨，我们就会收到

---

① Coupang是一家总部位于韩国首都首尔的电子商务企业，成立于2010年。——译者注
② Market Kurly是韩国一家生鲜电商平台，旨在为客户提供生鲜产品的物流配送服务。——译者注

所订购的新鲜食品。一些专门从事食品配送的外卖公司也应运而生。韩国最大外卖应用软件"外卖的民族"于2010年6月开始提供服务，之后，它的用户数量一直在稳步增长。在这以前，其他的外卖服务只局限于中餐。但是"外卖的民族"打破了这一现象，它也为意大利面、寿司、咖啡、汉堡，甚至也为此前不被认为是外卖商品的物品，如便利店的商品等提供外卖服务。

此后，随着外卖元宇宙越来越受欢迎，其规模越来越大，由此就出现了一些不提供堂食，而是专门从事外卖餐饮的餐厅。同时，一些只出租厨房的公司也开始涌现，且其数量逐渐增加，与2019年相比，2020年这类公司的数量增加了72%。另一方面，与此形成鲜明对比的是，随着新冠病毒疫情蔓延，倡导保持社交距离的防疫措施不断加强，到餐厅吃饭的客人大幅度减少，因此一些餐厅被迫关门停业。

作为一个实际案例，外卖向我们充分展示了镜像世界。实际上，镜像世界与我们体内神经中的镜像神经元细胞也有一定关联。大家在外卖软件中订餐时，如果看到了炸鸡图片，有没有流过口水？这就是来自镜像神经元细胞的影响，这类细胞会让我们产生共鸣。当我们在电视上看到悲伤的故事时就会流泪，看到吃方便面或炸酱面的场景时就

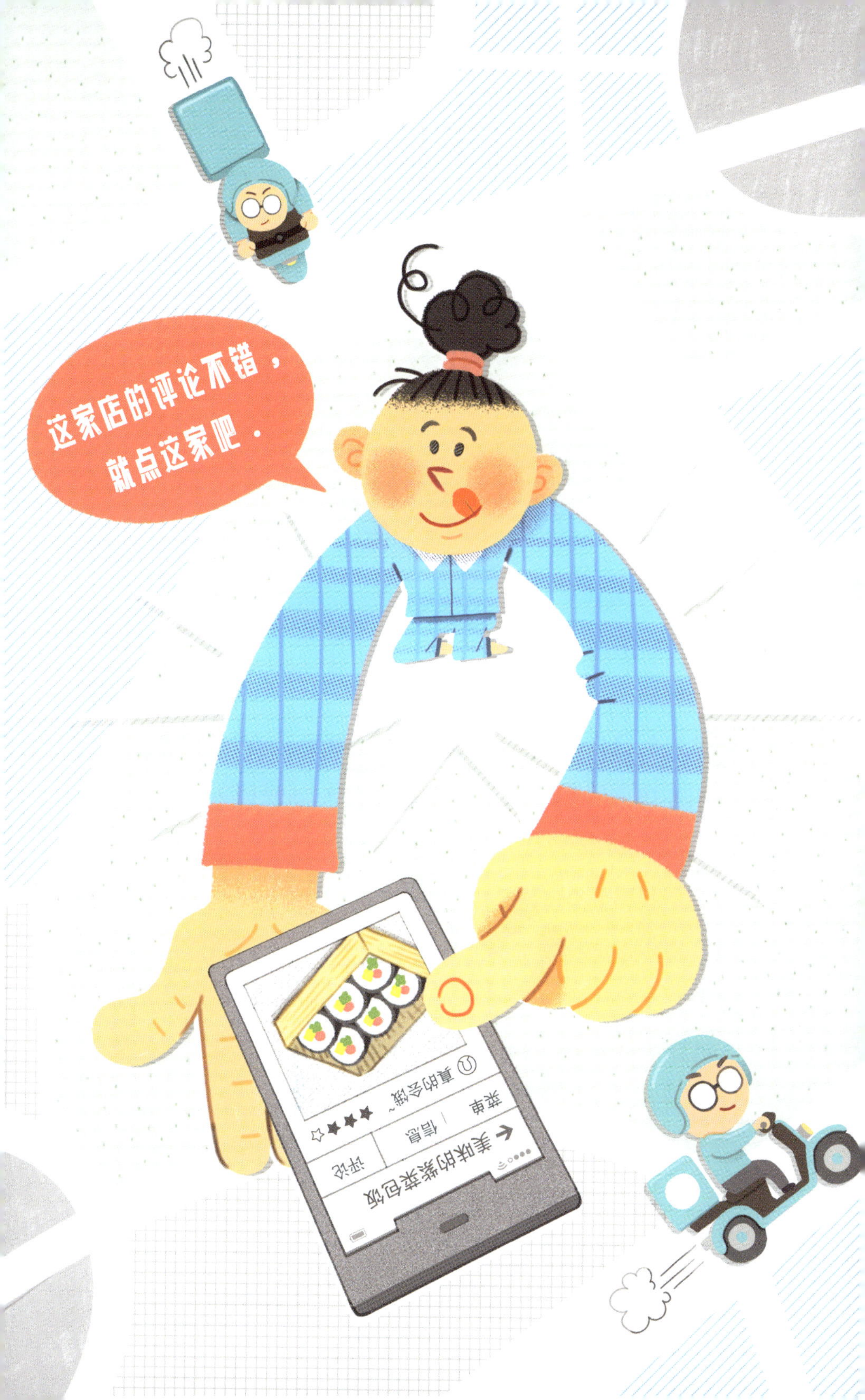
这家店的评论不错，
就点这家吧。
美味的紫菜包饭
菜单
信息
评论
真的会馋~

突然也想吃，这些都和镜像神经元细胞相关。

镜像神经元细胞让我们具备了观察、模仿并学习别人的行动，以及只听到他人的故事，就能理解其境况的能力。因此在使用外卖应用程序点餐时，虽然看不到实际的餐厅和食物，但是我们依然可以通过餐厅的地址和地图上的标记想象餐厅的实际位置，通过评论间接体验食物的味道，下单后根据骑手的送达时间做好吃饭的准备。外卖和镜像世界似乎在许多方面都有着紧密的联系。

激发感情的游戏——《癌症似龙》

前面提到，镜像世界元宇宙之所以存在，是由于我们体内的镜像神经元细胞的影响。如今，一些游戏能够对我们体内的镜像神经元细胞产生刺激。《癌症似龙》（That Dragon, Cancer）是一款充满悲伤和感性的游戏，这其中包含了一位父亲失去儿子的伤痛。大多数游戏展现的都是只有在虚拟世界中才能看到的情景和世界观，而《癌症似龙》记录的是游戏制作者的儿子 Joel 的人生。在现实世界中，Joel 因患儿童期癌症，5 岁就离开了人世。从这一点来看，这款游戏是一面展现现实世界伤痛的镜子。

《癌症似龙》引导玩家们对 Joel 的痛苦和他的父母的

《癌症似龙》▲

悲伤产生共鸣,这款游戏并不是通过言语的方式来传递人的经历和感情,而是让玩家直接进入镜像世界,自己做出选择、移动和触摸,由此产生理解和共鸣。《癌症似龙》是游戏制作者从一位失去了孩子的父亲的立场出发开发的一款游戏。游戏在悲伤的音乐和父亲的自言自语中,饱含了这位父亲照顾生病的儿子,最终送他离开人世的悲痛情感。在如今的镜像世界元宇宙中,我们不仅可以享受游戏的快乐,还可以了解他人、对他人的想法和情感产生共鸣,这正是发挥镜像世界高效性和扩张性的作用之一。

偶然诞生的爱彼迎

旅行的时候，大家一般住在哪里？如果是学校组织的集体外出旅行，可能会住在类似培训中心这样的地方；如果是全家一块儿旅行，可能会入住舒适的酒店。然而，一家没有房间的酒店——爱彼迎——却很受欢迎。爱彼迎成立于2008年，总部位于美国旧金山。

旧金山一直以租房价格昂贵而闻名，也正是如此昂贵的租金激发了两个美国年轻人的创意。爱彼迎的两位创始人——布莱恩·切斯基（Brian Chesky）和乔·杰比亚（Joe Gebbia）——辞职后，由于无力支付昂贵的租金，于是他们决定尝试将自己租住的公寓二次出租。他们在家里铺了几张充气床垫，并为租客提供早餐。结果，这一尝试大获成功。因此"气垫床与早餐"（Airbed and Breakfast）成为了爱彼迎（Airbnb）公司名称的由来。

我们来了解一下爱彼迎的服务模式。首先，房主在爱彼迎公司登记个人拥有的公寓或住宅，在房主不使用房屋期间将其出租给游客。爱彼迎将已登记的相关房源信息（例

如位置和设施等）添加到谷歌地图和照片等数据库中，以便游客们轻松获取这些信息。这也就是将个人居住的房屋内部原封不动地搬到了镜像世界的元宇宙中，这其中还包含一些古老的城堡和西班牙著名建筑师高迪建造的房子。如今，爱彼迎已经成为了深受广大游客欢迎的平台。

  但是这种模式也存在不少问题，比如，在爱彼迎登记的房屋信息与实际情况多少都有一些差异，或者有些游客会损坏或偷走房间内的物品，等等。此外，由于新冠病毒疫情导致人们的旅行受到限制，爱彼迎的业务也面临巨大危机。我们需要知道的一点是，由于镜像世界与现实世界的设施相连接，镜像世界与现实世界的各种状况也紧密相关，因此深受现实世界的影响。

05

向元宇宙的世界，出发！
>>> 虚拟世界

一款可作为宣传工具的游戏

在新冠病毒疫情之前，美国总统候选人一般都是在集会现场进行演讲拉票，甚至与选民们握手。但随着新冠病毒疫情暴发，现实世界中的集会减少，总统候选人则将竞选拉票活动放到了网络上，在元宇宙中与选民们进行交流。《集合啦！动物森友会》就是这些总统候选人进行宣传的工具。《集合啦！动物森友会》是由任天堂公司开发的一款电子游戏。政客们之所以把电子游戏作为宣传的工具，是因为现在的年轻人较少关注传统媒体，而是把大量的时间花在虚拟世界元宇宙中，因此，现实世界的政治宣传活动也有了相应的变化。

在《集合啦！动物森友会》中，玩家们使用虚拟化身进行探险并开拓属于自己的无人岛，还可以访问其他朋友的岛屿。随着游戏中的一些用户在岛上开设餐厅、创办高考补习班，邀请其他人注册体验，越来越多的人成为了这款游戏的用户，《集合啦！动物森友会》也由此成为了人们进行沟通交流的元宇宙。

韩国的家电行业也进驻了这款游戏创建的虚拟世界。2021年，韩国LG电子在《集合啦！动物森友会》里开放了两座岛屿，分别是OLED岛和LIT岛，希望借此向熟悉虚拟世界的MZ世代[①]介绍企业各种电视型号的优点。此

[①] MZ世代指的是出生于1980-2000年之间的人。——译者注

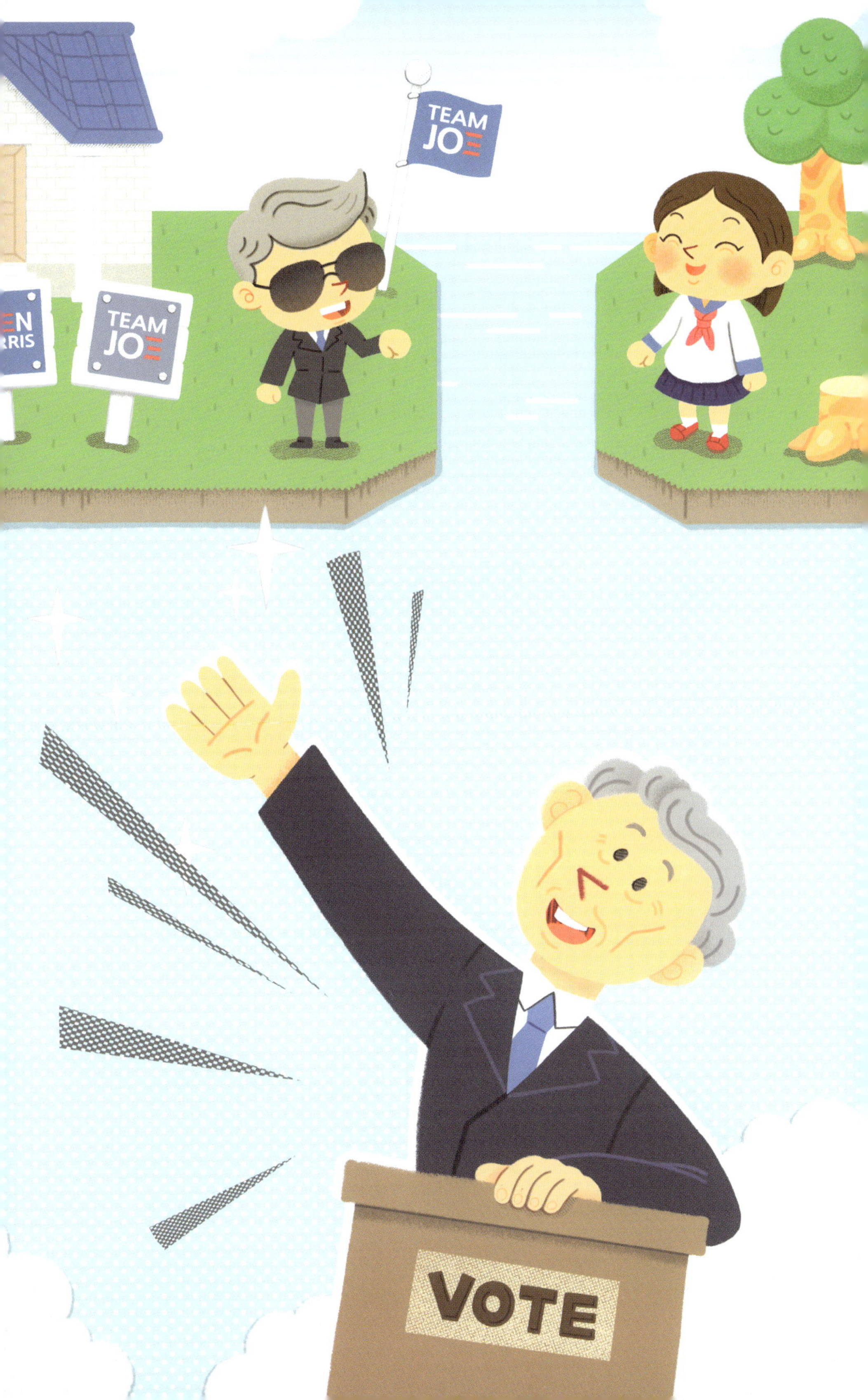
TEAM JOE
TEAM JOE
VOTE

外，韩国乐天 Hi-Mart 也在《集合啦！动物森友会》开放了 HIMADE 岛，以便用户了解自己旗下子品牌的热门商品。乐天 Hi-Mart 不仅通过 HIMADE 岛向 MZ 世代宣传 Hi-Mart，还计划将从元宇宙中获得的灵感创意带入到之后的商品中。总之，家电行业也积极利用虚拟世界制定营销策略，以更加有趣的方式宣传家电，并将这种方式视为抓住未来消费者的好机会。

幻想照进现实的世界

据说最近流行"发呆"。看着篝火里噼噼啪啪燃烧着的木头，看着在鱼缸里游来游去的鱼，或者看着生机勃勃的花草，脑子里什么都不想，让自己处于放空的状态就是"发呆"。如今，"发呆"不仅有助于推动高科技产业的发展，同时也是疗愈身心疲惫的现代人，让他们保持身心健康不可或缺的一种方式。相关研究结果表明，人们在进行类似发呆的活动，让大脑得到休息时，他们的想象力就能够发挥更大的作用。接下来我要介绍的虚拟世界元宇宙就与想象力息息相关。

虚拟世界就是一个现实世界中完全不存在的新世界，它正是源于人们的想象力。也就是说，虚拟世界是根据人

们的设计，打造而成的一个与现实世界拥有完全不同空间、时代、文化背景、人物和社会制度等设定的三维虚拟世界，它打破了现实世界中的各种界限。

很久以前，人类就开始追求永生和无尽的满足。但是人的生命有限，而欲望却没有止境，人们清楚地知道自己不可能永远活下去，欲望也永远无法被填满。正因如此，如今人们更愿意在自己创造的新世界里，与虚拟化身，也就是人工智能角色相处，而非与现实世界里的人相处。

一种新的沟通方式

虚拟世界元宇宙是根据想象所打造的新世界，在虚拟世界里，我们可以与他人见面、交流、玩游戏。那么，我们在现实世界中也可以学习、运动、玩游戏、交朋友、去旅行，为什么非要创造一个虚拟世界，在那里与他人沟通交流呢？

在虚拟世界里，人们可以以一个探险家或科学家的身份，探索并了解虚拟世界的世界观、哲学、规则、故事、地形和事物等，在其中发现新事物并感受快乐。同时，人们不仅可以与现实世界中认识的朋友对话，还可以与素不相识的朋友交流，建立广泛的人际关系。此外，在虚拟世界中，人们还可以通过获得装备、数字资产或高等级和特权，享受达成目标的成就感。换句话说，人们虽然在虚拟世界中体验和现实世界里相同的活动，但在虚拟世界中，人们可以不受人际关系和自然条件的限制，更尽情地享受其中的乐趣。例如，在虚拟世界中，我们可以结识到比现实世界更多的朋友。同时，因为这些人中的大部分都是我们在现实世界中素未谋面的人，我们会更愿意向他们倾诉内心的想法。

在现实世界中，有很多事情都不是按照我们的想法进行的，比如，有时并非出于本意，却与朋友关系破裂，有时还与父母发生矛盾。但即便如此，我们也不能以逃避这些为由而沉迷于虚拟世界。我们进入虚拟世界不是为了逃避现实世界中的烦心事，而是为了享受更有效率、更加丰富的体验。虚拟世界还给我们带来了更多的思考：如何理解已经存在于现实世界的虚拟世界，如何把虚拟世界与现实世界联系在一起，如何克服虚拟世界中的不足之处，等等。

粗鲁且暴力？

最近的新闻中出现了一些令人发指的恶性事件，其中很多事件让人感到匪夷所思、难以想象。另外，挑起这些事件的当事人的一个共同点是喜欢暴力游戏。于是，一些通过玩游戏来缓解现实世界压力或者拉近朋友关系的人们成为了大众担忧的群体，他们甚至正在承受着大众带有偏见的审视。虽然并非所有爱玩暴力游戏的人都会在现实世界中挑起恶性事件，但暴力游戏确实可能诱发人们的暴力倾向。

负责人体情绪的激素包括多巴胺、睾酮和皮质醇。多巴胺是一种与刺激有关的激素。从出生到 20 岁左右，人体内的多巴胺水平会持续上升。睾酮是一种与支配欲有关的激素，其在人体内的含量一直保持上升，到 20~30 岁时达到最高值。在这一时间段内，人们渴望压制他人和取胜的欲望也会达到顶峰。皮质醇是一种与平衡有关的激素，在 20 岁之前，皮质醇的水平一直处于下降的趋势，这也就是说，我们在 20 岁以前，并不会产生想要保持平衡和稳定的想法。

总的来看，一方面，青少年体内不断上升的多巴胺水平促使他们不断追求刺激，而不断飙升的睾酮水平也让他们变得不受控制，因此，当与他人发生冲突时，他们无论如何都想要战胜对方；另一方面，青少年体内皮质醇水平较低，因此他们对这种刺激和争斗引发的不安不以为意。所以，青少年在虚拟世界中的粗暴和鲁莽不仅是虚拟世界所造成的，这也是他们成长过程中的自然现象。

但这并不意味着我们可以无视虚拟世界中这种粗暴鲁莽的行为。正如前面所说，我们必须先在现实世界中学会如何与他人沟通交流，然后再进入虚拟世界元宇宙。在现实世界中，我们必须与父母和朋友建立亲情和友情，维持良好的关系。比起只自私地考虑自己，当我们更关心对方、尊重彼此的想法和行为时，我们在虚拟世界元宇宙中的体验才更有意义。

虚拟世界的体验有用吗？

在虚拟世界中的人们总是在追求新鲜感。他们体验新的装备，挑战新的任务，即使失败了也不会太失望。他们享受的是制造新鲜感这一过程本身。有些人认为，在虚拟世界中发生的所有事情都与现实世界无关。但当我们通过一些案例，看到虚拟世界和现实世界之间的联系时，就会发现事实并非如此。

在一款名为《美国陆军》（America's Army）的游戏中，有一项任务是让玩家扮演军医进行训练。一位名为 Paxton 的用户是这款游戏的忠实玩家。有一天，他在高速公路上发现了一辆翻车的 SUV，而且车里还有人。于是，他回忆起在游戏中担任军医进行训练的体验，就马上给车内人员进行了应急处理，并最终安全等到救援。另外，在 2017 年，一位 79 岁的爷爷带着 11 岁的孙子驾车行驶在爱尔兰的一条公路上。在驾驶过程中，爷爷突然失去意识，但他的脚却一直踩着油门，车子还在不停地向前行驶，情况十分危急。这时，孙子回忆起自己玩汽车驾驶游戏时的体验，于是一手扶着爷爷，一手操控方向盘，直到爷爷恢复意识。

2011 年，一位《天堂》（Lineage）游戏的忠实用户家中突发紧急情况——家人急需用血，且需要的血型是非常

OK, 我可以！

稀有的 RH-O 型，但医院的血源供应不足，因此情况非常危急。于是，这位用户就在《天堂》游戏中发布公告急求血源。最终，一位在现实世界中与他素未谋面的用户给他的家人献血，并因此挽救了一条生命。

就像这样，虚拟世界的体验对生活在现实世界的我们产生着巨大的影响。通过虚拟世界看到别人的挑战或尝试，我们就会得到替代经验。在现实世界中也一样，即使我们不亲身体验，也可以根据给定的环境和任务，仔细观察学习别人是如何判断并解决问题的。在虚拟世界里，我们能够更快地经历各种替代体验，这些体验也能提高我们的自信心。

另外，我们的大脑和身体是紧密相连的。当我们活动身体时，大脑也会更加活跃。因此，我们不能只通过手机在虚拟世界中进行各种间接体验，也应该在现实世界中与人积极沟通，并多多活动身体。这样一来，我们才能最大程度地享受虚拟世界带来的好处。

协同合作——《罗布乐思》

我们与朋友们的友情不仅存在于现实世界中。有一款元宇宙游戏，让用户能够在虚拟世界元宇宙中获得不分年龄、人种的交友体验，这就是《罗布乐思》。这是一款基于游戏的元宇宙服务。在《罗布乐思》中，用户可以直接使用工作室开发射击类、战略类和沟通类等各种游戏。

《罗布乐思》▲

《罗布乐思》于2006年在美国首次上线，用户创建一个类似乐高的虚拟化身后，就可以在平台开发游戏或参与其他用户开发的游戏。在《罗布乐思》中，我们既是在其他用户创造的世界里尽情享受的玩家，同时也是为其他用户打造娱乐空间的创作者。在《罗布乐思》中，由于所有活动都能轻松进行，因此该游戏的用户数量也在不断增加。

到 2020 年,《罗布乐思》用户数量已经超过 1.05 亿人,其中 6~16 岁的青少年是它的忠实用户群体。

与现实融合的《堡垒之夜》

截至目前,大部分元宇宙都停留在游戏层面。不过,大逃杀类(Battle Royale)元宇宙——《堡垒之夜》(*Fortnite*)——通过与现实世界中的企业连接,发挥着广告的作用。"大逃杀"原本是职业摔跤比赛中的一种比赛方式,即多名选手同时登上一个拳击场开始比赛,最后留在场上的选手即为获胜者。《堡垒之夜》也采用了这一模式,即多名玩家同时进行游戏,最后留下来的一名玩家就是最终赢家。

《堡垒之夜》还尝试通过与耐克合作,将现实世界的产品带入元宇宙。在元宇宙商店中,Nike Air Jordan 系列的售价为 1800 V-Bucks(《堡垒之夜》的通用虚拟货币)。《堡垒之夜》还与漫威合作,用户可以在元宇宙中使用漫威英雄们的武器。通过这种方式,耐克和漫威等企业利用现实世界的知识产权,在虚拟世界元宇宙中获取新的收益。

以前,我们都是直接去传统市场或百货商店买东西。随着时间的推移和互联网的发展,我们逐渐开始通过电脑

▲《堡垒之夜》

浏览各种线上商场，进行网上购物。现在，大家通过手机就能享受线上购物。然而，这样的时代也已经过去，我们已经开启了一个在元宇宙中娱乐、工作、购物、与人沟通的时代。今后，元宇宙将超越单纯的游戏范畴，与现实生活融为一体。

《头号玩家》中的"绿洲"

《头号玩家》是 2018 年由史蒂文·斯皮尔伯格执导的一部电影，内容改编自恩斯特·克莱恩（Ernest Cline）的同名小说。电影中出现了一个名为"绿洲"的虚拟现实游戏，接入"绿洲"的虚拟现实设备与我们今天所使用的设备非常相似。"绿洲"的创始人在游戏中设置了三个隐藏任务，并立下遗嘱，宣布他的巨额遗产和"绿洲"所有权将由第一个完成这三项任务的玩家继承。为了得到这份遗产，科技巨头 IOI 公司甚至出动了员工进行争夺。这部电影讲述的就是一个男孩为守护"绿洲"而对抗 IOI 的冒险故事。

"绿洲"游戏就是一个虚拟世界元宇宙。这里有一些问题值得我们思考。首先，目前是否存在一个元宇宙，其真实感能够达到和"绿洲"同样的水平。电影中的"绿洲"非常真实，几乎与现实世界毫无区别。在《头号玩家》中，角色们在游戏里触摸物品、行走或奔跑时的感觉非常真实，而目前在现实世界中，还没有能够达到这一水平的虚拟世界。此外，我们是否有必要像电影里一样开发如此逼真的技术，以及相关机构是否允许开发这种技术，这些都是值得我们思考的问题。因为一旦人在虚拟世界中具有和现实世界一样的真实感，那么我们将无法区分现实和虚拟，心理和情绪上也会由此感受到各种挑战。

《头号玩家》▲

绿洲 ▲

另外，在电影中，科技巨头 IOI 公司让员工进入"绿洲"工作的场景也值得思考。可以说，这些员工的工作地点就是元宇宙，由此可以预测，今后只存在于虚拟世界元宇宙中的工作岗位将会持续增加——维持元宇宙内的秩序、给人们提供帮助、寻找装备、进行演出等，这些都是未来会出现在元宇宙中的工作。如果虚拟世界的工作岗位不断增加，大部人都在虚拟世界中工作，那么现在社会中面临的交通、住房和育儿等各种问题都会得到一定程度的解决。但是如果必须完全与现实世界隔绝，只待在虚拟世界元宇宙里，这会是一份好工作吗？即便在电影中，最终拯救"绿洲"的东西也不存在于虚拟世界中，而是来自现实世界的友情与爱的力量，因此可以说，任何虚拟世界都不能脱离现实世界而存在。

VR 是"善良"的技术吗？

2021年1月，在韩国MBC电视台一档名为《VR人文纪录片：遇见你》的节目中，一位四年前痛失妻子的单亲爸爸又重新见到了爱人，孩子们也再次见到了母亲。通过虚拟现实（virtual reality，缩写为VR）技术，一家人再次见到了熟悉的亲人，他们都非常激动。丈夫戴着巨大的VR头显，在空中挥动着胳膊，想要抚摸离开人世的妻子，最终忍不住泪流满面。看到这一场景的观众们也一同流下了悲伤的泪水。这档节目是为了让人们能够向逝去的家人或朋友倾诉自己不曾说过或者来不及说出的话，来弥补内心的遗憾。由此看来，数字技术的确作为一个"善良"的工具为人们所用。

事实上，VR技术正在不断发展当中，并且还应用在医疗领域。例如，医生给患有恐高症的患者观看VR视频，帮助他们在虚拟现实中克服心理创伤。另外，英国阿尔茨海默症研究所也在护理人员的培训中使用VR，以增强护理人员对病人的同理心和理解。

但也有人对VR技术发展带来的诸多内容表示担忧。事实上，前面提到的纪录片在播出后就受到了批评，有人指责"这是将他人失去亲人的悲痛作为赚钱的手段"。人们

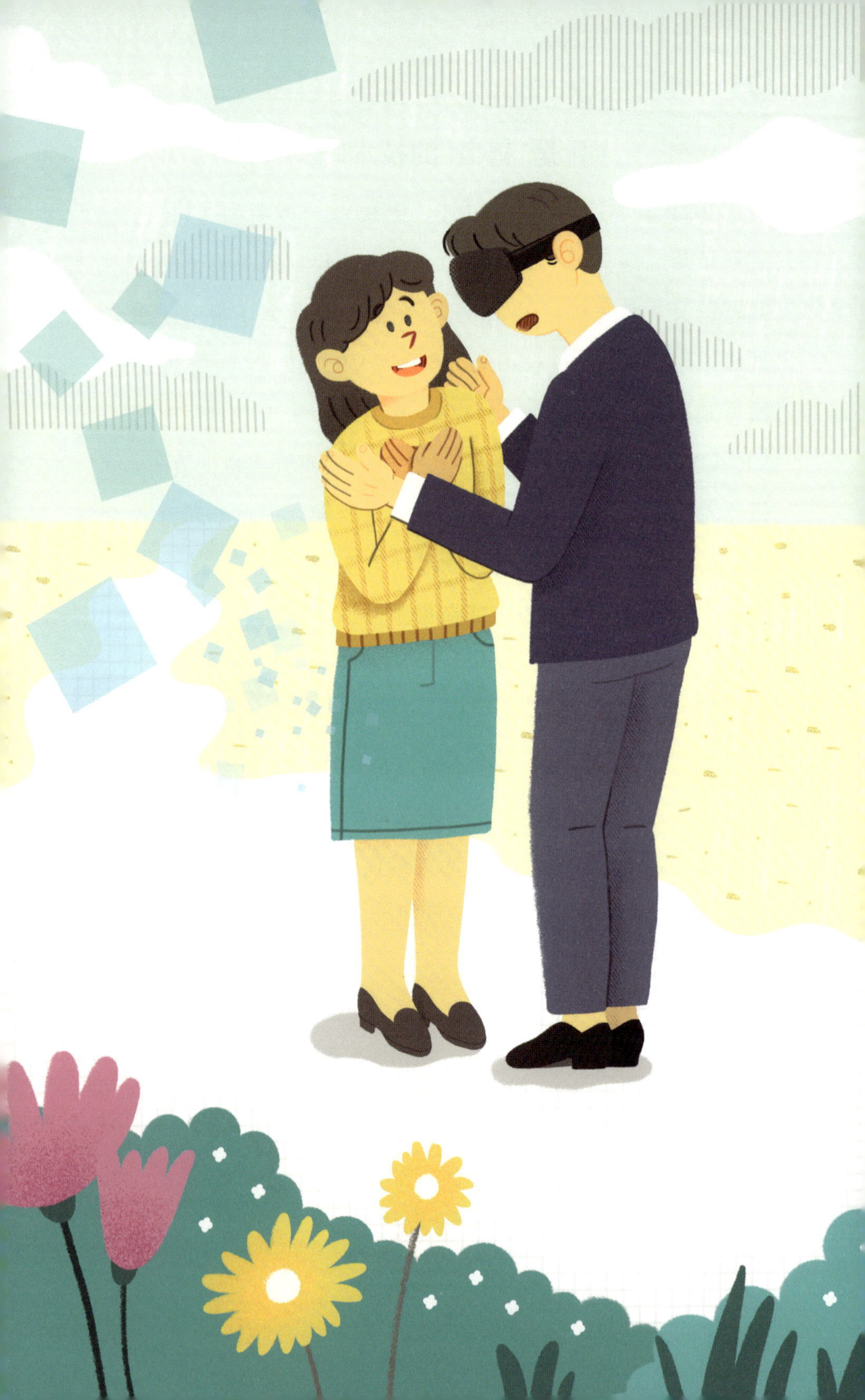

拥有"被遗忘的权利"。让逝去的人重新复活，疗愈依然在世的人们，这的确是一件好事，但这么做，我们可能忽视了逝者的意愿，因为也许他们并不想这样做。2014年去世的美国演员罗宾·威廉斯（Robin Williams）曾在遗书中明确表示，在2039年以前，任何领域都不得使用他生前的样貌。如此看来，逝者的意见是否也应该得到尊重呢？

随着现实世界和虚拟世界愈发难以区分，我们需要思考现实中的VR技术的双面性，它有没有违背自然的发展规律呢？

给现实带来启发的《魔兽世界》

大部分元宇宙都是基于现实世界打造而成的，但元宇宙也可以给现实世界的活动提供启发，在《魔兽世界》这款游戏的虚拟世界中所发生的事件就为韩国社会应对新冠疫情提供了参考。《魔兽世界》（World of Warcraft，缩写为WoW）是由世界知名游戏公司暴雪娱乐开发的一款游戏。这款游戏于2004年正式发行，游戏虚拟世界中有13个种族、11种职业，用户数量超过1000万。

但在2005年9月13日，这个虚拟世界中出现了一个大问题。《魔兽世界》中一个名叫哈卡的角色，在交战过程中，

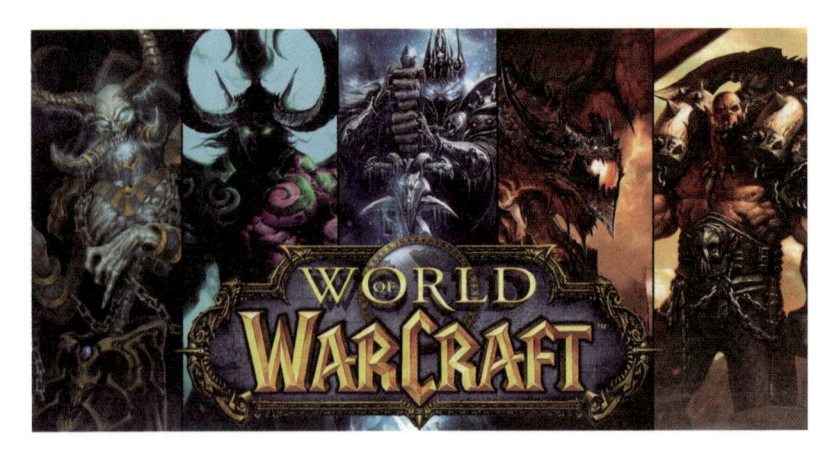

▲《魔兽世界》

会向进入一定区域的玩家释放病毒使其感染。玩家如果被感染，生命值就会逐渐下降，并最终死亡。好在病毒只在特定区域扩散，玩家只要离开该区域就能够自然痊愈。然而，有些玩家随身携带的宠物却不是如此，一旦宠物感染上病毒，即便玩家把它收起来，宠物身上感染的病毒也不会因为离开该区域而消失，当玩家在其他地方将宠物释放出来时，该病毒就会感染其他玩家。就这样，这些宠物携带的病毒感染了大都市中的其他玩家和非玩家角色（Non-Player Character，缩写 NPC，游戏的世界观和故事中需要的人物，不由人类操纵，而是由电脑的算法或人工智能操纵）。更加棘手的是，被感染的 NPC 能够重新复活，并不会就此消失，因此病毒不断急剧扩散，《魔兽世界》元宇宙陷入了巨大的混乱之中。

《魔兽世界》▲

这时，虚拟世界元宇宙中的人们开始坚守自己的角色使命：一些治疗师免费为感染者提供治疗；一些玩家组成民兵队伍共同抵抗病毒，将病毒感染降到最低。然而，即使在虚拟世界中，也有一些人故意去被感染地区，或者与感染者较多的群体接触。另外，还有人将矿泉水作为传染病治疗剂出售。最终，《魔兽世界》的运营商暴雪公司出面解决了这一问题，这场传染病就此结束。暴雪也将哈卡的这项能力进行修改，避免类似问题再次发生。

看到这起哈卡病毒事件，大家是不是联想到了我们现在经历的新冠病毒疫情？我们应该参考《魔兽世界》元宇宙，思考社会系统是如何发展的，每个成员又应该做出怎样的行动来预防和战胜传染病。

107

人工智能自动化程式

现代社会的大部分领域都与人工智能有关。人工智能不仅出现在各种家电产品中，连电视中的艺人也可以由人工智能出演。正因如此，人们对人工智能的关注与争论日益激烈，在虚拟世界中也是同样的情况。我们可以在虚拟世界中了解人工智能的作用，然后将其作为现实世界的参考。人工智能在虚拟世界中扮演的第一种角色是充当虚拟世界里的NPC。NPC一般是指可以与玩家进行互动的非玩家角色。作为维持虚拟世界的世界观需要的角色之一，NPC扮演那些由人类操纵起来无趣的，或是中立性的角色。

人们想象在未来，人工智能融入我们的日常生活，且与我们一起生活——每家每户都有扫地机器人，照顾老弱群体的机器人，准备早餐的机器人……当这样的时代来临后，我们该如何与这些机器人相处交流呢？对此，我们心中既担忧又期待。不过，在虚拟世界元宇宙里，我们早已经与人工智能NPC们一起生活了。今后，如何与现实世界中的人工智能机器人和谐相处，我们可以先在虚拟世界中练习。

第二种角色就是用人工智能管理整个虚拟世界。在许多人同时登录、进行各种活动的元宇宙里，每天都会产生数量相当庞大的数据。为了分析这些大数据，进而预测人们在元宇宙中的后续行为，并对元宇宙的规则做出相应调整，这时就可以使用人工智能。

最后一种角色是在虚拟世界中，看起来像人一样的人工智能自动化（auto）程式。自动化程式是指由程式代替人类操纵元宇宙中的NPC等非人角色。假设我在元宇宙里的职业是猎人，我就可以使用自动化程式代替我来操纵角色。相比在元宇宙中享受游戏，使用自动化程式主要是为了在短时间内让自己的角色大幅成长，或是利用其收集装备、再把这些装备转卖给其他玩家。

虚拟世界的人工智能自动化程式存在许多问题，目前大部分国家都禁止使用。这主要是因为有人将其大规模用

于商业用途，所以引发了诸多问题。这些人同时在好几十台电脑中装上自动化外挂程式，由少数几个人管理，利用这些程式在元宇宙里收集装备。由于这些人拿走了元宇宙中的大部分资源，就导致正常活动的玩家无法收集到所需的装备。长期下来，最初的元宇宙设计、开发者规划的经济系统以及资源稀缺性的设定等都将受到冲击。在元宇宙中，想要购买装备的人很多，但装备却所剩无几，最终会导致元宇宙内发生通货膨胀问题。明明是为了人类而创造出来的元宇宙，最后自动化人工智能却成了这个世界的主宰。不过，操纵这些人工智能自动化程式的也正是贪婪自私的人类。因此，在加快脚步开发人工智能的技术并使其商业化之前，我们应该认真思考人工智能在元宇宙中可能会引发的问题。

面向 MZ 世代的广告

　　世界知名品牌一般会使用模特进行宣传，或通过广告和门店展示其产品。然而，现在全球奢侈品行业也进入了虚拟世界。从 2019 年下半年起，法国奢侈品牌路易威登开始与拳头游戏公司旗下运营的游戏《英雄联盟》（League of Legends，缩写为 LoL）展开合作。《英雄联盟》是一款多人战斗游戏，以"符文之地"世界为背景，有刺客、战士、坦克、法师等共 150 多个角色。在世界电子竞技大赛中，观众观看次数最多的比赛就是《英雄联盟》全球总决赛。

　　路易威登在《英雄联盟》的游戏皮肤中加入品牌的经典花纹，并将游戏中的标志和角色融入路易威登的产品设计中，将其作为"路易威登 X《英雄联盟》联名系列"进行发售。游戏皮肤就是游戏里用来改变角色外观或操作界面的装饰品。在游戏皮肤中加入路易威登的品牌花纹，玩家给角色换上了路易威登的服装后，就像自己穿上了路易威登的衣服一样。此外，英国奢侈品牌巴宝莉甚至发布了一款名为《B SURF 冲浪小鹿》的冲浪竞技游戏，里面所

有冲浪服和冲浪板都刻有巴宝莉的图案。可以说，全球时装企业都纷纷"陷入"了游戏中。

根据营销代理公司 PMX 预测，到 2025 年，全球奢侈品消费市场的客户中，MZ 世代的占比将超过 45%。奢侈品时装企业正是关注到了这一点，所以纷纷将目光投向了 MZ 世代。值得关注的是，为了吸引 MZ 世代，各大企业迅速采取各种行动，纷纷深入到集中了 MZ 世代的元宇宙当中。

06

我们如何与元宇宙共存?

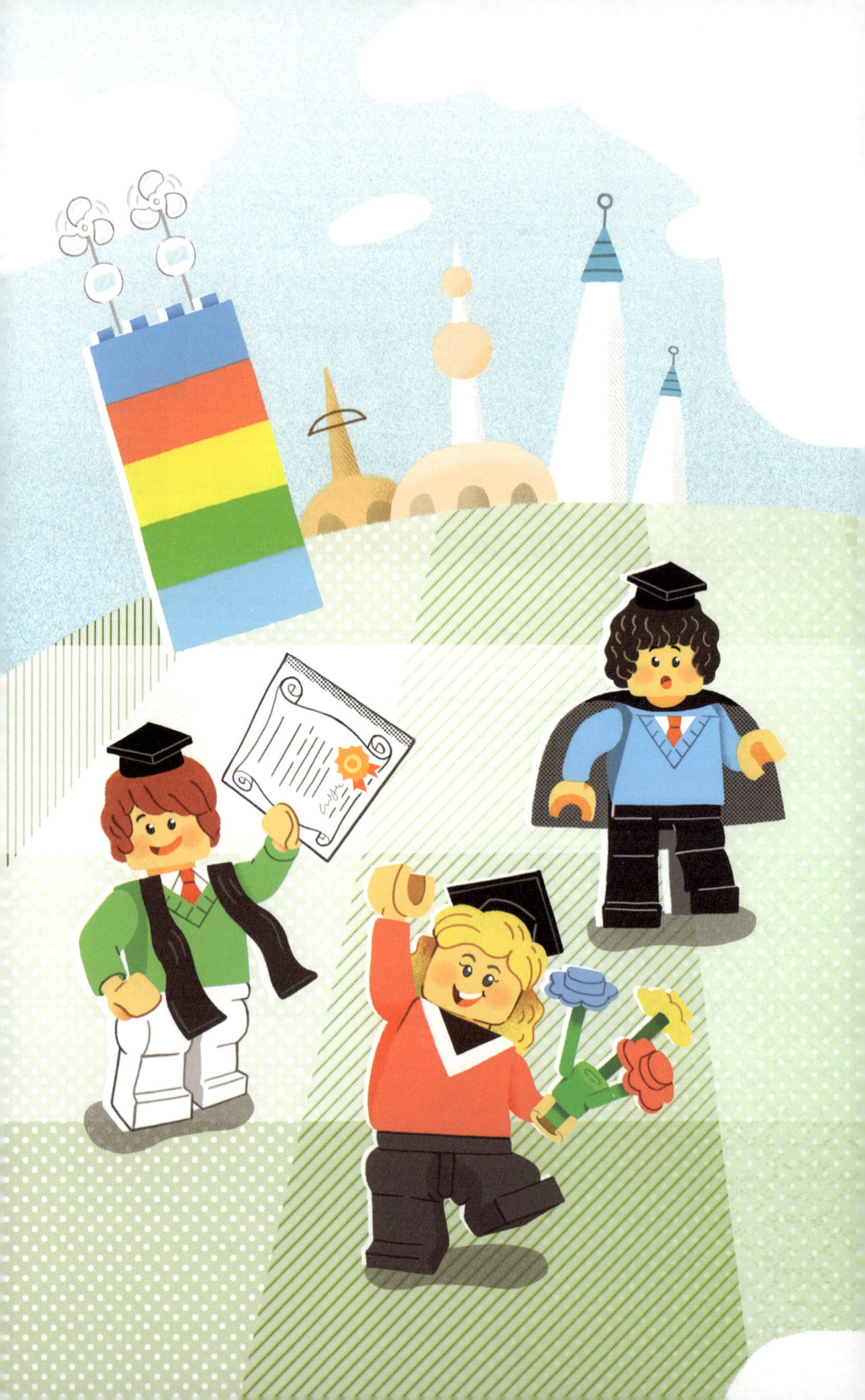

元宇宙是对现实的模仿

法国著名启蒙思想家伏尔泰曾说过:"所谓独创,不是别的,就是经过深思熟虑的模仿。"也就是说,我们以为的原创发明也是从模仿开始的。世界上第一架飞机由美国莱特兄弟制造。据说,造这架飞机的灵感来自于秃鹫飞翔时翅膀的样子。苍蝇和蜻蜓都是复眼结构,它们的眼睛由许多小眼堆积组合而成。正是由于这一结构,它们的视野更

加开阔，并能清晰地看见远处的事物。人们模仿苍蝇的这种复眼结构制作出了相机镜头中的超广角镜头。

画家模仿自然风景作画，音乐家模仿自然的声音创作歌曲。元宇宙也是一个由模仿而成的巨大空间。通过模仿我们在现实世界中的各种行动和沟通方式，元宇宙将这些事物再现成一个游戏空间。增强现实世界模仿虚构的故事，生命记录世界模仿现实世界中写日记或寄信，镜像世界完全将现实世界搬到了元宇宙里，在其中提供新的游戏文化和服务。不仅如此，与现实世界十分相似的虚拟世界也是模仿的产物，但它再现的是幻想世界。

那么元宇宙与现实是何种关系呢？难道因为元宇宙的出现，现实世界就该退居其后吗？还是说，因为现实世界的存在，元宇宙只是昙花一现呢？实际上，现实世界与元宇宙紧密相连。例如，由于新冠疫情，线上授课代替了线下上课；无法见面的朋友也能够通过社交媒体进行交流；对于个体经营户来说，虽然店里没有客人，但外卖应用程序也为他们提供了新的客源。

然而，即使元宇宙能够进一步巩固并稳定现实世界中的关系和状况，却也不能完全代替现实。如果只进行线上授课和通过社交媒体交朋友，我们将错失很多在现实世界中的生活经历。在智能手机中运转的元宇宙，虽然看起来没有物理形态，但其中的一切都以现实为基础。如果没有现实世界，元宇宙就不可能存在，就像是没有灵魂的人无法存活于世一样。

比起惩罚，奖励更重要

元宇宙和现实世界在奖励方面有很大的差异。在现实世界中，惩罚比奖励的使用范围更加广泛。例如，如果我们在学校着装不规范，班主任就会把我们叫到办公室进行批评教育。交通法规也是一个例子，即使我们严格遵守规则，也得不到任何奖励；但一旦违反规则，就要受到处罚，比如要缴纳罚款。

相反，元宇宙当中的大部分设定都是使用"加法"，即奖金、升级和祝贺，而不是使用罚款、惩罚或指责等"减法"。这是因为元宇宙主要以"加法"为中心，人们在其中进行探索交流，并取得成就。因此，大家可能会更加享受在元宇宙中玩耍的时光。在现实世界，如果考试没考好，或者经历了其他的失败，我们可能会深深陷入挫败感中，或者会受到他人的批评指责。但在元宇宙中，即使失败了，我们也不会受到任何惩罚。比如，在《罗布乐思》中搭建建筑物时，即使有一定损坏，也可以重新再来；在线上足球游戏中，即使我们的球队输了比赛也没有关系，因为我们可以重新开启新的一局，直到取胜为止。在元宇宙中，失败并不会带给我们过多的挫折和绝望，反而会激发我们再次挑战。

希望现实世界也能模仿元宇宙的这种体系，更多地使用称赞和鼓励来代替惩罚，为人们提供一些失败后重新振

作起来的机会。这样一来，现实世界和元宇宙都将激发人们新的动力，由此创造一个积极向上的世界。

数据和数字资产的归属

大部分元宇宙都是数字环境，其中很多信息和装备都是通过数字数据记录保存的。那么，谁拥有元宇宙世界中的这些数据呢？难道因为这些数据是由我们创造，并且是由我们在元宇宙中活动使用，这些数据就属于我们吗？还是属于那些创造元宇宙世界、给我们提供各种内容的公司呢？首先告诉大家，元宇宙中生成的大部分数据都不属于我们。

如果我们在社交媒体上上传自己拍摄的照片或编写的文章，从那一刻起，这些内容生成的数据就归运营该平台的公司所有。我们只能修改或删除文章和照片，但即便如此，我们也无法清除平台公司留存的备份数据，或是他人共享的数据。比如，一些艺人和名人后悔以前上传在社交平台上的某些内容，即便把这些内容删除了，但相关的备份数据依然会被保留在平台上，这也给他们造成了一定的困扰。

虚拟世界元宇宙中的游戏又是什么情况？玩游戏时，我们不仅会升级角色，还会购买各种装备道具。那么，我们花钱买的这些道具，比如游戏中的刀、枪、装饰品等装备是属于我们的吗？答案是否定的，因为这些装备的所有权也归游戏公司所有。事实上，游戏公司只拥有制作装备的权利，而并不拥有装备的使用权。用户拥有装备的使用权，因为是他们花钱从游戏公司购买的。如果游戏装备归用户个人所有，那么可能会出现各种复杂的问题。其中之一就是游戏公司在升级原有装备或更换新道具后，用户个人所有的装备可能会出现问题。这时，游戏公司就需要得到用户的同意才能对装备进行更新。例如，我们购买了一个星形配饰，那么当游戏公司想把星星的形状更换成月亮形状时，就需要征得我们的同意，因为这是属于我们的东西。另一个问题是用户不能注销游戏。因为游戏公司不能随意清除他人的财产，如果用户想要注销，那么游戏公司就需要买回用户个人所有的装备道具。

　　虽然目前元宇宙中的数据和数字资产归个人所有的情况较少，但是随着更加多元的元宇宙不断涌现，元宇宙广泛应用于人们的日常生活中，今后元宇宙中的数据和数字资产等归个人所有的比例也将越来越大。只有这样，元宇宙才能进一步发展。

人工智能有人权吗？

在史蒂文·斯皮尔伯格导演的电影《人工智能》中，有一个情节是人们把赛博格（即半机械人）关在笼子里，然后将他们一个一个残忍地杀死。虽然这些都是机器人，但是对与人类长得一模一样的机器人做出如此残忍的事情，观众在观看电影的时候，心里一定也十分难受。

在以网络游戏形式呈现的虚拟世界元宇宙中，人们会朝着NPC开枪。也许今后在虚拟世界中，如何与NPC或人工智能机器人进行互动交流将成为我们研究的一个课题。如果我们只把虚拟世界当作一个享受探索新事物、与他人沟通交流、取得成就的游戏空间，认为自己在其中可以不负任何责任，便毫不顾忌地施暴和破坏，那么在今后的现实世界中，机器人们也有可能经历像电影中同样的遭遇。

年龄、性别、名字都不知道！

大家的名字都是谁取的呢？大多数人的名字都是爸爸妈妈或爷爷奶奶给取的，并不是自己决定的。名字是展现自我的一种方式。无论在家里还是在学校，我们都要用到名字。然而在某些空间，我们并不需要用到真实姓名，而是可以自己取一个网名，这也就是我们在元宇宙中使用的

ZEPETO

😀 猫猫	来！现在开始吧~~	
😀 某某	孩子们好 我是某某，今年40岁	
😀 小念	呃~	
😀 小学生	我先退出了	
😀 皮卡	……	
😀 闪亮女孩	你好	

昵称。正因如此，昵称也具有隐藏年龄、长相、职业和本名的匿名性。

随着一直持续的非面对面环境，人们愈发希望逃离压抑的现实，渴望另一个自由的世界，这就是全世界热衷于元宇宙的原因之一。在这个自由世界里，匿名性拥有巨大的力量。如果对方不认识自己，大家会有什么想法？是觉得不安，还是感到自由？答案可能是后者。当我们不知道他人的身份时，我们就可以毫无偏见地对待他人。不管对方是否更好看、学习更优秀、赚的钱更多，在元宇宙中，我们也能够轻松地和所有人亲近起来。

也许我们某个人的爸爸或妈妈想和大家进行交流，如果他在镜像世界 ZEPETO 中发消息称，"我是40岁的某某"，大家会是什么反应呢？可能会保持沉默，然后离开那个房间。这大概是因为，在小学生聚集的元宇宙里，如果突然冒出来一位长辈，大家可能就会不知所措。在元宇宙中，我们没有必要知道对方是谁，有多大年纪，是男是女，只要双方聊得来，就能成为朋友。

在 MZ 世代的用语中有一个词是 whoriend，意为"和谁（who）成为朋友（friend）"。MZ 世代在交朋友时，通常不会追问对方的年龄、性别和国籍等信息。在西方社会，年轻人和上了年纪的长辈之间直呼名字，像朋友一样相处是十分常见的事情。在元宇宙中也是如此，不论年龄和性别，只要觉得聊得来，我们就可以和任何人成为朋友。但是我们必须要记住，元宇宙中也有坏人，因此交友时必须要谨慎，如果我们觉得对方有些奇怪，或者不能判断他是不是好人时，一定要向身边的大人求助。

爆发的攻击性

在以匿名性为基础的元宇宙中，我们在交流时不会分享个人信息，因此我们会认为自己不必为所犯的错误负责。同时，在元宇宙中交流时，我们只使用了视觉、听觉、嗅觉、味觉和触觉这五感中的一部分，因此我们对他人的了解相对较少。从受欺凌者的角度来看，他们所感受到的恐惧也会相对减少。

在现实世界中，不管是攻击者还是被攻击者，双方都会从对方身上感受到强烈的情感。但在元宇宙中，攻击者会觉得自己很安全，因为他们受到网络匿名的保护。不仅如此，他们甚至会把现实世界中的恐惧感当作一种乐趣，所以在元宇宙中，有些人会变得更具攻击性。

对于元宇宙中的这种攻击性，我们不应该袖手旁观，相关机构应该出台一些规则予以规范。也就是说，在保证网络世界匿名性的同时，我们也要系统性地控制这种匿名性带来的危害。如果在虚拟世界中发生的行为引发了现实世界的犯罪，那么相关人员当然应该受到处罚，但并不是所有的元宇宙活动都适用现实世界的标准。因此，在元宇宙中，我们也需要体谅他人，培养对他人的同理心。

温情之地，元宇宙

如果只看前面的内容，大家可能会以为元宇宙是一个可怕的野蛮空间。但凡事都有两面性，元宇宙世界中也有温情。例如，在《宝可梦GO》游戏中，就有一个"奇迹交换"的规则，使用这个规则，玩家可以交换彼此拥有的精灵宝可梦。通常，玩家会和他人交换一些不受欢迎或自己不需要的精灵宝可梦。然而，有位用户组织了一场出人意料的活动，他建议在圣诞节时，老玩家把一些高级精灵宝可梦作为礼物和游戏的新玩家交换。当然，参加活动的玩家并不知道对方是谁，但送出礼物的人想到新玩家们收到礼物后的愉悦，自己也感到十分欣慰。

另一个例子是韩国一名小学生的故事。这名学生想向其他国家的人介绍韩国文化遗产，在寻找内容输出途径时，他发现了《罗布乐思》。利用翻译软件，并且在外国朋友的帮助下，他学会了如何使用《罗布乐思》，并开始在平台上打造韩国的书院，很多外国孩子都对这一陌生且不同寻常的书院表现出了极大的兴趣。最终，这位学生通过《罗布乐思》元宇宙实现了向全世界同龄人宣传韩国文化遗产的目标。值得注意的是，在这个过程中，他并没有借助公共教育或其他教育机构的帮助，而是在元宇宙中，通过与全世界同龄人的合作达成了目标。

就像在现实世界中一样，在元宇宙中，喜悦和痛苦、希望和绝望、合作和冲突总是并存的。我们需要想办法实现这些对立面的协调，并为在此过程中创建的事物负责。

元宇宙背后的巨手

虚拟世界的存在，必须要依赖给计算机提供服务的服务器、储存庞大数据的存储装置，以及能够传输数据的通信网络。对应到现实世界来看，这些设备相当于道路、电力、自来水和通信等社会间接资本。目前，已经有很多企业进驻了元宇宙。在这种情况下，为了运营生命记录世界、镜像世界、虚拟世界等元宇宙，企业迫切需要容量庞大的存储装置、高速稳定的服务器级计算机以及稳定的网络。以网上购物商城而闻名的亚马逊恰恰能够给企业提供这些服务。

亚马逊是一家美国大型企业，业务范围包括网上购物商城、门店销售、亚马逊 Prime 和亚马逊云计算服务等。亚马逊提供的 AWS 云服务，客户包括网飞（Netflix）和 Meta（前身为 Facebook）等众多跨国企业。也就是说，网飞通过亚马逊 AWS 向超过 1.6 亿名用户提供电影和电视剧流媒体服务。

除了亚马逊，微软、Meta、谷歌以及众多游戏公司都随着元宇宙一同发展。

微软作为元宇宙的连接设备将被用到更多地方，它旗下专门面向职场的社交媒体领英（LinkedIn）将成为生活记录世界，《我的世界》也将成为微软在镜像世界扩张的重要平台。

Facebook虽然致力于通过手机和电脑提供社交媒体服务，但如今它正在逐步扩大在元宇宙中的业务范围。2014年，Facebook收购了虚拟现实设备制造商Oculus VR，并决定加大投资增强现实和虚拟现实领域。此外，Facebook还公开了一个名为"无限办公"（Infinite Office）的未来办公室概念。在新冠疫情以后，居家办公成为了日常，Facebook将公司办公室搬到了虚拟世界，员工们在元宇宙中处理各种业务。鉴于Facebook拥有的海量用户数据，人们预计它不会停留在当前以智能手机和文字为中心的社交媒体上，而是会打造一个以增强现实世界和虚拟世界为中心的新元宇宙。2021年7月，Facebook首席执行官马克·扎克伯格宣布，他将在未来5年内将Facebook从社交媒体企业转变为元宇宙企业。2021年10月，他宣布公司更名为Meta，这足以显示他对元宇宙的追求。

谷歌的优势则在于它手握着极具竞争力的资产，还拥有最大程度精确还原现实世界的地图信息。在此基础之上，谷歌通过镜像世界，利用语音软助手Assistant以及旗下子公司Nest和Fitbit等，将我们的日常生活和家庭环境与谷歌生态系统相连接。

我在无限办公室上班。

在元宇宙发展过程中，游戏公司也是备受关注的企业类型之一。在元宇宙中，游戏公司的可视化技术对于增强现实与虚拟世界在视觉上的逼真性非常重要。元宇宙的效用价值也将根据其制作的逼真程度有所不同。

元宇宙也是我们生活的世界！

哪里有人聚集，哪里就有法律和规则。如果没有这样的约定和规则，世界上会发生什么呢？每个人的想法都各不相同，而且人们会认为自己的想法更重要，坚持自己的想法才是正确的，但世界可能会因此而陷入混乱并最终崩溃，类似的事件常常发生在元宇宙世界中。就像在现实世界里一样，人们在元宇宙里交朋友，以各种方式进行交流。在元宇宙中，即便人们不了解彼此的名字、长相、年龄和性别，也能与他人成为朋友。由于这种匿名性，人们在元宇宙中常常毫无道德责任感地犯下错误，因此我们需要制定法律和规则防止这种情况发生。

元宇宙中最严厉的惩罚是"封禁"（ban）。封禁是指用户的账号被删除，且该用户不得再次回到这个元宇宙中。如果用户遭到封号，就意味着他在元宇宙内犯下了非常严重的错误。例如，他可能是在生命记录世界的社交媒体上传播淫秽信息，在镜像世界的外卖平台上进行大规模控评，或者在虚拟世界的游戏中使用外挂等行为。

在现实世界中，人们如果被封禁，情况可能会很糟糕。但在元宇宙中，情况有所不同。虽然并非所有元宇宙都是如此，但依然有很多元宇宙，用户即使被封号，他也可以换一个新的身份重新进入。这就像在现实世界一样，在元宇宙世界中也有一些不遵守法律的人。我们应该倡导用户尊重元宇宙的世界观和规则。

元宇宙的形态并不固定，每时每刻都在发生变化，并以各种不同的形式出现。因此，我们不仅难以预测元宇宙中可能发生的问题，而且就算我们制定了针对某些问题的规则或条款，也很难完全避免新问题的出现。因此，为了充分守护元宇宙世界，我们应该积极制定规则，并遵守元宇宙世界的秩序。

元宇宙不能代替现实世界

到目前为止，我们对元宇宙已经有所了解，它包括：给现实世界增添想象和便利的增强现实世界；与他人分享生活并相互安慰、不断提出挑战的生命记录世界；基于现实世界，兼具高效性和信息扩张性的镜像世界；还有与现实世界最难区分开的虚拟世界。我们对元宇宙整体的特点及其各个种类进行了讨论。有些人认为元宇宙是一个依靠个性赚钱的商业平台，也有人把它当作一个单纯给人们提供享受的游乐场所。未来，这项技术会持续发展下去，也许它的发展速度将超过所有现有技术。

得益于这项不断发展的技术，未来的我们可能就像科幻电影中一样，只要戴上眼镜，即使不品尝食物，也能知道它的味道，即使没有风，也能感受到凉爽的微风。虽然目前真正意义上的元宇宙技术尚未出现，但"真实的元宇宙"（Real Metaverse）世界即将开启，人们将能够完全感受到虚拟化身在虚拟世界中的体验。目前，实现虚拟世界的虚拟现实技术只能为用户提供视觉和听觉体验，但人们正在进行各种实验和探索，旨在开发出能够提供触觉、嗅觉、味觉等的人工感官技术。

然而，无论元宇宙有多丰富多彩，在其中能与多少人见面，体会到多少乐趣，它也无法代替现实世界。换句话说，元宇宙不是现实世界的替代品，而是现实世界的延伸和扩张。因此，我们不能将元宇宙世界当作逃避现实烦恼与不安的场所，在其中与许多不知道名字、相貌和年龄的人见面，或者沉迷于各种逼真的游戏中。但是当我们感到压抑时，还是可以到元宇宙中短暂逗留，纾解情绪，补充能量。

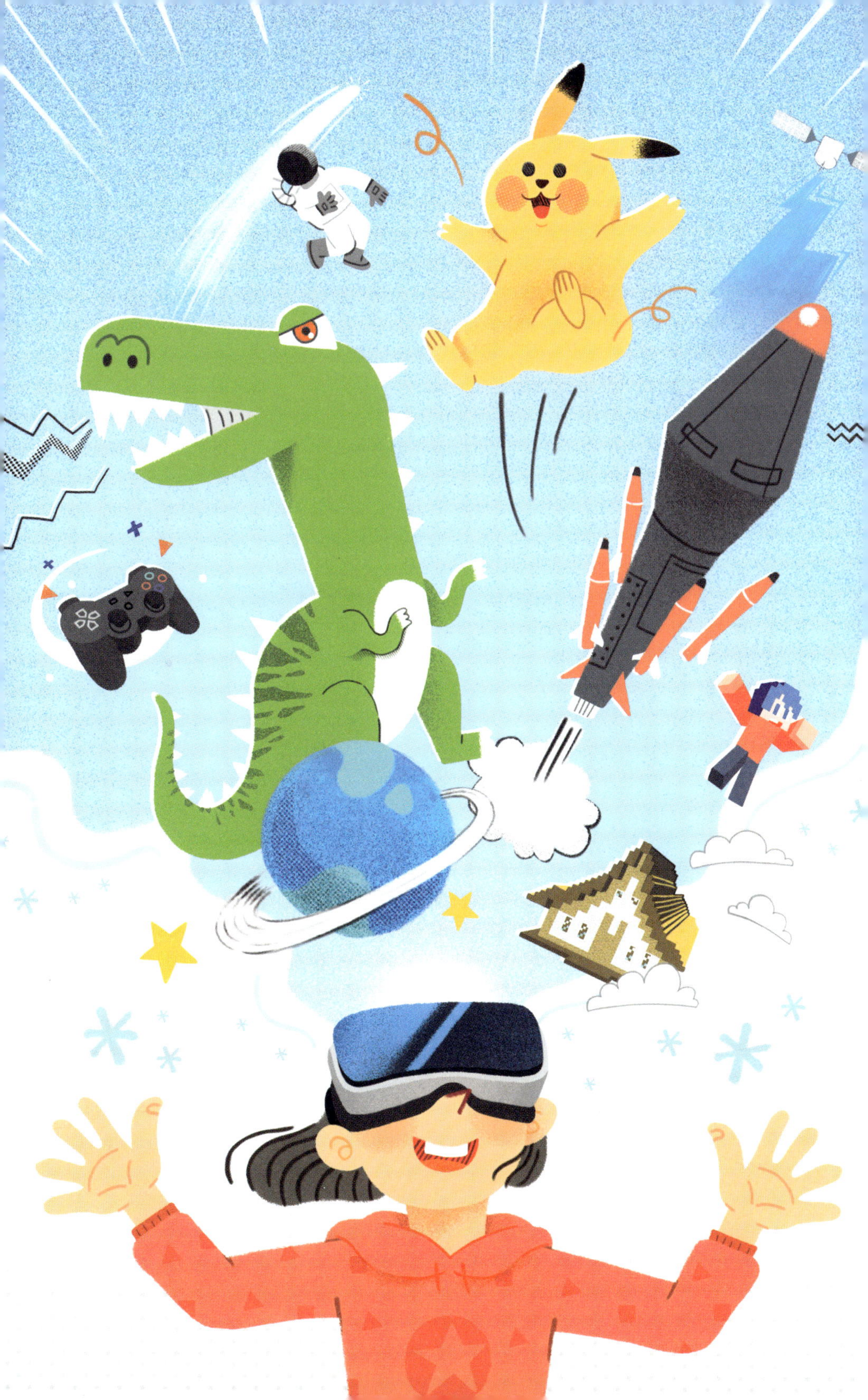

现实世界中很多宝贵的东西是元宇宙世界无法提供的。父母与朋友们的爱、决定自己未来的行动、面对未来广阔世界的价值观，这些东西都只能从现实世界的关系中获取。数字地球即将到来，不，它已经出现在了我们的生活当中。我们必须要了解现实世界中真正重要的是什么，才能充分享受数字地球和元宇宙环境，并成为它的主人。此外，对于一起生活的群体，我们也应该树立一个正确的价值观。只有拥有正确的思想观念和行为准则，才能让技术发挥正面影响力，这个世界的秩序才不会被破坏。期待着大家今后在元宇宙世界中能够发挥这样的作用。